체험 신앙의 말씀

광야에 외치는 자의 소리

방명근 지음

쿰란출판사

광야에
외치는 자의
소리

머리말

나를 흑암의 권세에서 건져 내사 그의 사랑의 아들의 나라로 옮겨, 에녹과 같이 주님과 동행하는 삶을 살아가게 하시고, 실상의 믿음을 통하여 체험하고 경험한 하나님의 생명의 말씀을 그간 증거하게 하신 하나님의 은혜에 감사드립니다. 다시금 때가 되어 하나님께서 사명과 소명을 주심으로 이 책 《광야에 외치는 자의 소리》를 출간하여 하나님의 생명의 말씀, 천국 복음을 땅 끝까지 증거하며 전할 수 있도록 인도하신 하나님께 영광을 올립니다.

하나님께서 부족한 나를 택하시고 구원하며 양육하고 인도하셔서, 오늘날 어둡고 혼탁한 세상에 생명의 빛을 비추며 하나님의 생명의 말씀, 천국 복음을 광야에 외칠 수 있도록 성령을 통하여 하늘의 비밀을 깨닫게 해주심도 감사드립니다.

이 모든 것이 하나님의 은혜입니다.

오늘의 내가 있기까지 하나님께서 좋은 목사님들(고 예태혜 목사님, 강유남 목사님, 유재식 목사님)을 만나게 해주시어 영적으로나 지식적으로 도움을 받도록 하심에 감사합니다. 이 책이 나오기까지 감수로

수고해 주신 양미림 목사님께도 감사함을 전합니다. 또한 오늘날까지 하나님 사역의 동역자로서 부족한 나를 믿고 사랑과 희생으로 한결같이 힘이 되어준 방창숙 사모에게도 고맙고 감사한 마음을 고백합니다.

　이 책《광야에 외치는 자의 소리》를 통하여 많은 성도가 하나님의 사랑을 깨닫고 변화되어 성령의 열매를 맺고 하나님 나라에 들어갈 수 있기를 축원합니다.

2025년 7월 7일
미국 코네티컷 기도실에서
방명근 목사

목차

- 머리말 … 4

광야에 외치는 자의 소리_ 9
세례 요한의 머리를 갖자_ 17
신도를 잡으라_ 25
살아 있는 떡을 먹자(1)_ 36
살아 있는 떡을 먹자(2)_ 44
복음의 신을 신자_ 53
듣고 믿는 믿음과 보고 믿는 믿음_ 64
율법적인 믿음과 복음적인 믿음_ 72
구원의 옷과 의의 옷을 입자_ 80
의의 겉옷의 능력_ 89
마지막 때 하나님이 보내실 곳_ 98
세례와 성령을 받자_ 107
성령의 열매를 맺자_ 117
새 포도주는 새 가죽 부대에_ 127

예수님과 생명수_ 137
예수님이 주시는 생명수_ 146
목마른 자들아, 물로 나아오라_ 155
좋은 열매를 맺자_ 164
예수님의 양식과 하나님의 뜻_ 174
하나님과 통일된 삶을 살자_ 184
예수님께서 원하시는 선물_ 195
공의로운 해가 나에게서 떠오르게 하자_ 207
하나님이 보시는 나의 모습_ 217
나의 형편을 살펴보자_ 228
하나님의 말씀을 깨닫자_ 238
하나님께 헌신하자_ 246
이른 비와 늦은 비_ 256

광야에 외치는 자의 소리

사 40:3 "외치는 자의 소리여 이르되 너희는 광야에서 여호와의 길을 예비하라 사막에서 우리 하나님의 대로를 평탄하게 하라"

구약은 우리에게 다가올 일의 그림자이고, 예언의 말씀이며, 하나님의 경륜 안에서 이루어 가실 일의 예표입니다. 여호와 하나님께서 구약에서 하신 말씀이 예수님과 선지자와 제자들을 통하여 다 이루어졌음을 신약에서 알 수 있으며, 지금도 거듭난 자들이 체험하며 실상의 믿음을 통하여 이루어지고 있음을 알 수 있습니다.

하나님께서는 성경에 하나님의 경륜을 비밀로 감추어 두셨는데, 그 하나님의 비밀을 알기 위해서는 내 안에 필히 성령님이 임재하셔야 합니다(임마누엘).

엡 1:9 "그 뜻의 비밀을 우리에게 알리신 것이요 그의 기뻐하심을 따라 그리스도 안에서 때가 찬 경륜을 위하여 예정하신 것이니"

고전 2:10 "오직 하나님이 성령으로 이것을 우리에게 보이셨으니 성령은 모든 것 곧 하나님의 깊은 것까지도 통달하시느니라"

광야 같은 세상에서 복음을 외치기 위해서는 세례 요한처럼 우리도 낙타털 옷을 입고 허리에 가죽띠를 띠고 메뚜기와 석청을 먹어야 합니다. 그래야 예수님이 강림하실 길을 예비할 수 있습니다. 여호와 하나님께서는 우리에게 본을 보여 주셨으며, 신약에서는 오신 예수님이 친히 본을 보여 주었습니다.

히 8:5 "그들이 섬기는 것은 하늘에 있는 것의 모형과 그림자라 모세가 장막을 지으려 할 때에 지시하심을 얻음과 같으니 이르시되 삼가 모든 것을 산에서 네게 보이던 본을 따라 지으라 하셨느니라"

출 25:8-9 "⁸내가 그들 중에 거할 성소를 그들이 나를 위하여 짓되 ⁹무릇 내가 네게 보이는 모양대로 장막을 짓고 기구들도 그 모양을 따라 지을지니라"

마 3:3-4 "³그는 선지자 이사야를 통하여 말씀하신 자라 일렀으되 광야에 외치는 자의 소리가 있어 이르되 너희는 주의 길을 준비하라 그가 오실 길을 곧게 하라 하였느니라 ⁴이 요한은 낙타털 옷을 입고 허리에 가죽띠를 띠고 음식은 메뚜기와 석청이었더라"

하나님의 말씀은 영이요 생명이기 때문에 천국 복음을 통해서만 깨달을 수 있습니다.

요 6:63 "살리는 것은 영이니 육은 무익하니라 내가 너희에게 이른 말은 영이요 생명이라"

그런데 왜 세례 요한은 광야에서 낙타털 옷을 입고 외쳤을까요? 낙타만이 광야 사막에서 길을 내며 나아갈 수 있기 때문입니다. 그래서 예수님께서는 우리가 천국에 들어가는 것을 설명하실 때 낙타를 비유로 사용합니다.

마 19:24 "다시 너희에게 말하노니 낙타가 바늘귀로 들어가는 것이 부자가 하나님의 나라에 들어가는 것보다 쉬우니라 하시니"(참조: 사 43:18-19; 욥 8:7 "네 시작은 미약하였으나 나중은 심히 창대하리라")

털옷은 따뜻하며 열을 보존해 줍니다(창 3:21, 가죽옷=양가죽 옷).

슥 13:4 "그날에 선지자들이 예언할 때에 그 환상을 각기 부끄러워할 것이며 사람을 속이려고 털옷도 입지 아니할 것이며"

다시 말해, 털옷을 입지 않고 예언하는 선지자들은 사람들을 속이고 유혹하고 있다는 것입니다(예: 엘리야, 베드로-눅 5:6-7; 요 21:7, 11 / 겉옷-사 61:10).

왕하 1:8 "그들이 그에게 대답하되 그는 털이 많은 사람인데 허리에 가죽띠를 띠었더이다 하니 왕이 이르되 그는 디셉 사람 엘리야로다"(참조: 갈 3:27; 골 3:12)

갈 3:27 "누구든지 그리스도와 합하기 위하여 세례를 받은 자는 그리스도로 옷 입었느니라"

골 3:12 "그러므로 너희는 하나님이 택하사 거룩하고 사랑받는 자처럼 긍휼과 자비와 겸손과 온유와 오래 참음을 옷 입고"

허리에 가죽띠를 띠었다는 것은 어떤 의미일까요?
허리는 자녀를 생산하는 곳입니다.

요 19:34 "그중 한 군인이 창으로 옆구리를 찌르니 곧 피와 물이 나오더라"

창 35:11 "하나님이 그에게 이르시되 나는 전능한 하나님이라 생육하며 번성하라 한 백성과 백성들의 총회가 네게서 나오고 왕들이 네 허리에서 나오리라"

그래서 예수님께서는 요한복음 19장 30절에서 다 이루셨다고 말씀하시고, 요한복음 19장 34절에서 옆구리(허리)에서 피와 물을 흘려주십니다.
왜 허리에 가죽띠를 띠어야 할까요?

엡 6:14 "그런즉 서서 진리로 너희 허리띠를 띠고 의의 호심경을 붙이고"

진리는 예수님 자신이시며(가죽띠=양가죽) 예수님을 의미합니다.

삼하 22:40 "이는 주께서 내게 전쟁하게 하려고 능력으로 내게 띠 띠우사 일어나 나를 치는 자를 내게 굴복하게 하셨사오며"

허리에 띠를 띠어야만 능력이 나타나 영적 전쟁에서도 이길 수 있습니다. 모든 일에 공의로 허리띠를 삼으며 성실로 몸의 띠를 삼아야 합니다.

사 11:5 "공의로 그의 허리띠를 삼으며 성실로 그의 몸의 띠를 삼으리라"

석청은 바위(돌)에서 따는 꿀을 말합니다. 성경에서 돌이나 반석은 예수님을 상징하고 있습니다.

벧전 2:4-5 "⁴사람에게는 버린 바가 되었으나 하나님께는 택하심을 입은 보배로운 산 돌이신 예수께 나아가 ⁵너희도 산 돌같이 신령한 집으로 세워지고 예수 그리스도로 말미암아 하나님이 기쁘게 받으실 신령한 제사를 드릴 거룩한 제사장이 될지니라"

고전 10:3-4 "³다 같은 신령한 음식을 먹으며 ⁴다 같은 신령한 음료를 마셨으니 이는 그들을 따르는 신령한 반석으로부터 마셨으매 그 반석은 곧 그리스도시라"(참조: 출 17:6; 시 114:8 "반석을 쳐서 못물이 되게 하시며 차돌로 샘물이 되게…")

우리는 할 수 없는 일을, 만유를 지으시고 만유 가운데 계시며 오늘도 나를 붙들고 계시는 하나님께서는 할 수 있습니다.

마 19:26 "예수께서 그들을 보시며 이르시되 사람으로는 할 수 없으나 하나님으로서는 다 하실 수 있느니라"

석청(꿀)의 맛은 달다는 특징을 갖습니다.

시 119:103 "주의 말씀의 맛이 내게 어찌 그리 단지요 내 입에 꿀보다 더 다니이다"(참조: 출 16:31-만나, 겔 3:3-두루마리)

꿀을 먹으면 어떤 반응이 나타납니까?

잠 16:24 "선한 말은 꿀송이 같아서 마음에 달고 뼈에 양약이 되느니라"

삼상 14:27-29 "^{27}요나단은 그의 아버지가 백성에게 맹세하여 명령할 때에 듣지 못하였으므로 손에 가진 지팡이 끝을 내밀어 벌집의 꿀을 찍고 그의 손을 돌려 입에 대매 눈이 밝아졌더라 ^{28}그때에 백성 중 한 사람이 말하여 이르되 당신의 부친이 백성에게 맹세하여 엄히 말씀하시기를 오늘 음식물을 먹는 사람은 저주를 받을지어다 하셨나이다 그러므로 백성이 피곤하였나이다 하니 ^{29}요나단이 이르되 내 아버지께서 이 땅을 곤란하게 하셨도다 보라 내가 이 꿀 조금을 맛보고도 내 눈이 이렇게 밝아졌거든"

그래서 오늘날 식물의 맛을 알고 먹어야 합니다.

욥 34:3 "입이 음식물의 맛을 분별함같이 귀가 말을 분별하나니"

롬 10:17 "그러므로 믿음은 들음에서 나며 들음은 그리스도의 말씀으로 말미암았느니라"

오늘날 많은 말씀의 생수가 있지만, 그것이 궁창 위의 물(말씀)인지 아니면 궁창 아래의 물(말씀)인지 그 맛을 알고 먹어야 합니다. 사마리아 여인은 요한복음 4장 12절에서 "우리 조상 야곱이 이 우물을 우리에게 주셨고 또 여기서 자기와 자기 아들들과 짐승이 다 마셨는데 당신이 야곱보다 더 크니이까"라고 질문하고 있습니다.

메뚜기는 무엇을 의미합니까? 출애굽기 10장에서 메뚜기는 재앙을 의미합니다.

사 40:22 "그는 땅 위 궁창에 앉으시나니 땅에 사는 사람들은 메뚜기 같으니라 그가 하늘을 차일같이 펴셨으며 거주할 천막같이 치셨고"
(엡 2:6-7 "또 함께 일으키사 그리스도 예수 안에서 함께 하늘에 앉히시니 이는 그리스도 예수 안에서 우리에게 자비하심으로써 그 은혜의 지극히 풍성함을…")

나 3:17 "네 방백은 메뚜기 같고…"

민 13:33 "거기서 네피림 후손인 아낙 자손의 거인들을 보았나니 우리는 스스로 보기에도 메뚜기 같으니 그들이 보기에도 그와 같았을 것이니라"

반석에서 나오는 꿀을 먹는 자들(천국 복음을 먹는 자들)은 메뚜기 같은 땅에 있는 거민들과 열 명의 정탐꾼과 같은 사람들은 먹이로 생각합니다.

민 14:9 "다만 여호와를 거역하지는 말라 또 그 땅 백성을 두려워하지

말라 그들은 우리의 먹이라 그들의 보호자는 그들에게서 떠났고 여호
와는 우리와 함께하시느니라 그들을 두려워하지 말라 하나"

여호와 하나님을 믿는다면서도 자신을 메뚜기같이 생각하는 자
들은 하나님의 참 아들들에게는 먹이라고 생각하시기 바랍니다.
하나님의 참 아들들은 하나님의 의의 군병들이고, 예수님이 강림
하실 길을 예비하는 자들입니다. 오늘날에도 세례 요한처럼 낙타털
옷을 입고 허리에 가죽띠를 띠고 메뚜기와 석청을 먹으며 광야에서
외칠 때 많은 사람들이 죄를 자복하고 예수님께 나아옵니다.

마 3:5-6 "⁵이때에 예루살렘과 온 유대와 요단강 사방에서 다 그에게
나아와 ⁶자기들의 죄를 자복하고 요단강에서 그에게 세례를 받더니"

이렇게 천국 복음을 외칠 때 어떤 일이 일어납니까?

렘 31:19 "내가 돌이킨 후에 뉘우쳤고 내가 교훈을 받은 후에 내 볼기
를 쳤사오니 이는 어렸을 때의 치욕을 지므로 부끄럽고 욕됨이니이다
하도다"(참조: 교훈-신 32:1-2)

오늘날 기독교인들이 많이 있지만 과연 이 중에 하늘의 생명책에
이름이 적혀 있는 자들이 몇이나 될까요? 예수님을 영접하고 믿는다
고 하는 우리도 한번 생각해 보아야 합니다.

세례 요한의 머리를 갖자

막 6:22-28 "헤로디아의 딸이 친히 들어와 춤을 추어 헤롯과 그와 함께 앉은 자들을 기쁘게 한지라 왕이 그 소녀에게 이르되 무엇이든지 네가 원하는 것을 내게 구하라 내가 주리라 하고 또 맹세하기를 무엇이든지 네가 내게 구하면 내 나라의 절반까지라도 주리라 하거늘 그가 나가서 그 어머니에게 말하되 내가 무엇을 구하리이까 그 어머니가 이르되 세례 요한의 머리를 구하라 하니 그가 곧 왕에게 급히 들어가 구하여 이르되 세례 요한의 머리를 소반에 얹어 곧 내게 주기를 원하옵나이다 하니 왕이 심히 근심하나 자기가 맹세한 것과 그 앉은 자들로 인하여 그를 거절할 수 없는지라 왕이 곧 시위병 하나를 보내어 요한의 머리를 가져오라 명하니 그 사람이 나가 옥에서 요한을 목 베어 그 머리를 소반에 얹어다가 소녀에게 주니 소녀가 이것을 그 어머니에게 주니라"

예수님을 영접하고 하나님을 경외하는 자들은 하나님의 전에서 자유로움 가운데 기쁨을 얻게 됩니다. 이런 자들을 하나님께서는 사랑스러워하십니다.

에 5:2-3 "²왕후 에스더가 뜰에 선 것을 본즉 매우 사랑스러우므로 손에 잡았던 금규를 그에게 내미니 에스더가 가까이 가서 금규 끝을 만진지라 ³왕이 이르되 왕후 에스더여 그대의 소원이 무엇이며 요구가 무엇이냐 나라의 절반이라도 그대에게 주겠노라 하니"

예수님을 믿는 우리 모두가 하나님의 기쁨이 되는 자녀들이 되기를 축원합니다.

왜 이 소녀는 자기가 원하는 것을 말하지 않고 그 어미에게 물었을까요?(참조: 소녀는 어미에게 교육을 잘 받은 아이였음) 어미는 자녀를 낳고 키운 자를 의미하며, 많은 체험과 경험이 있는 자를 상징합니다.

고전 4:15 "그리스도 안에서 일만 스승이 있으되 아버지는 많지 아니하니 그리스도 예수 안에서 내가 복음으로써 너희를 낳았음이라"(참조: 민 11:12-아비)

어미는 어린 자녀들을 잘 먹이고 잘 키우고 잘 교육시켜서 그가 훌륭한 사람으로 성장할 때 보람을 느낄 것입니다(참조: 엡 4:13). 어린 아이를 키울 때는 먹는 것을 잘 골라서 영양가 있는 것으로 먹여야 합니다.

출 12:15 "너희는 이레 동안 무교병을 먹을지니 그 첫날에 누룩을 너희 집에서 제하라 무릇 첫날부터 일곱째 날까지 유교병을 먹는 자는 이스라엘에서 끊어지리라"

하나님께서 먹이라는 무교병만 먹여야 합니다. 그러지 않고 유교병을 먹이면 영적으로 죽는다는 것을 말씀하고 있습니다(무교병=누룩이 들어가지 않는 전병-요 6:51 "하늘에서 내려온 산 떡").

갓난아기들은 젖을 잘 먹고 잘 배설해야 건강하게 자라 갑니다.

벧전 2:2 "갓난아기들같이 순전하고 신령한 젖을 사모하라 이는 그로 말미암아 너희로 구원에 이르도록 자라게 하려 함이라"

갓난아기들이 무엇을 잘 배설해야 합니까?

벧전 2:1 "그러므로 모든 악독과 모든 기만과 외식과 시기와 모든 비방하는 말을 버리고"

이런 것들을 몸에서 내보내야 합니다. 그러면 어린아이는 건강하게 자라게 됩니다.

눅 2:40 "아기가 자라며 강하여지고 지혜가 충만하며 하나님의 은혜가 그의 위에 있더라"

이렇게 자란 자들이 하나님의 아들을 믿는 것과 아는 일에 하나 되어 온전한 사람을 이루어 그리스도의 장성한 분량이 충만한 데까지 자라 갈 수 있습니다(엡 4:13). 그래서 하나님께서는 자녀들에게 부지런히 가르치라고 명하고 있습니다.

신 6:6-7 "⁶오늘 내가 네게 명하는 이 말씀을 너는 마음에 새기고 ⁷네 자녀에게 부지런히 가르치며 집에 앉았을 때에든지 길을 갈 때에든지 누워 있을 때에든지 일어날 때에든지 이 말씀을 강론할 것이며"

이렇게 자란 이가 디모데입니다. 디모데는 어려서부터 성경을 알았고(즉 예수님을 알았고, 요 5:39) 교훈과 책망과 바르게 함으로 교육받았습니다.

딤후 3:15-17 "15또 어려서부터 성경을 알았나니 성경은 능히 너로 하여금 그리스도 예수 안에 있는 믿음으로 말미암아 구원에 이르는 지혜가 있게 하느니라 16모든 성경은 하나님의 감동으로 된 것으로 교훈과 책망과 바르게 함과 의로 교육하기에 유익하니 17이는 하나님의 사람으로 온전하게 하며 모든 선한 일을 행할 능력을 갖추게 하려 함이라"

디모데는 대대로 모태신앙의 집안에서 태어났습니다.

딤후 1:5 "이는 네 속에 거짓이 없는 믿음이 있음을 생각함이라 이 믿음은 먼저 네 외조모 로이스와 네 어머니 유니게 속에 있더니 네 속에도 있는 줄을 확신하노라"

그래서 믿음 생활은 어려서부터 가르쳐야 하며, 교육도 성경 안에서 해야 하나님의 자녀로 성장할 수 있습니다. 이렇게 자란 어린아이들이 '천국의 아이들'(하나님의 자녀들)입니다.

요 1:29 "이튿날 요한이 예수께서 자기에게 나아오심을 보고 이르되 보라 세상 죄를 지고 가는 하나님의 어린양이로다"

하나님께서는 이처럼 순하고 연약한 어린양 같은 자들을 사용하십니다.

고전 1:27-29 "²⁷그러나 하나님께서 세상의 미련한 것들을 택하사 지혜 있는 자들을 부끄럽게 하려 하시고 세상의 약한 것들을 택하사 강한 것들을 부끄럽게 하려 하시며 ²⁸하나님께서 세상의 천한 것들과 멸시 받는 것들과 없는 것들을 택하사 있는 것들을 폐하려 하시나니 ²⁹이는 아무 육체도 하나님 앞에서 자랑하지 못하게 하려 하심이라"

하나님께서는 이렇게 연약하고 순한 어린아이 같은 자에게 계시를 통해 하늘의 비밀을 알려 주십니다.

마 11:25-27 "²⁵그때에 예수께서 대답하여 이르시되 천지의 주재이신 아버지여 이것을 지혜롭고 슬기 있는 자들에게는 숨기시고 어린아이들에게는 나타내심을 감사하나이다 ²⁶옳소이다 이렇게 된 것이 아버지의 뜻이니이다 ²⁷내 아버지께서 모든 것을 내게 주셨으니 아버지 외에는 아들을 아는 자가 없고 아들과 또 아들의 소원대로 계시를 받는 자 외에는 아버지를 아는 자가 없느니라"

이런 아이들이 천국의 아이들이며, 성령이 교회들에게 하시는 말씀을 들을 수 있는 아이들입니다(계 2:7 =〉 계 14:4-5).

눅 18:16-17 "¹⁶예수께서 그 어린아이들을 불러 가까이하시고 이르시되 어린아이들이 내게 오는 것을 용납하고 금하지 말라 하나님의 나라가 이런 자의 것이니라 ¹⁷내가 진실로 너희에게 이르노니 누구든지 하나님의 나라를 어린아이와 같이 받아들이지 않는 자는 결단코 거기 들어가지 못하리라 하시니라"

하나님의 말씀은 영이요 생명이며, 살리는 것도 영입니다.

요 6:63 "살리는 것은 영이니 육은 무익하니라 내가 너희에게 이른 말은 영이요 생명이라"

세례 요한은 예수님이 오실 길을 예비한 자입니다.

마 3:1-3 "¹그때에 세례 요한이 이르러 유대 광야에서 전파하여 말하되 ²회개하라 천국이 가까이 왔느니라 하였으니 ³그는 선지자 이사야를 통하여 말씀하신 자라 일렀으되 광야에 외치는 자의 소리가 있어 이르되 너희는 주의 길을 준비하라 그가 오실 길을 곧게 하라 하였느니라"

그래서 어미가 어린 딸(여아)에게 세례 요한의 머리를 달라고 하라고 일렀던 것입니다.
그런데 왜 세례 요한의 머리를 소반에 담아 달라고 했을까요? 소반은 음식을 놓고 먹는 상을 가리킵니다.

사 29:10 "대저 여호와께서 깊이 잠들게 하는 영을 너희에게 부어 주사 너희의 눈을 감기셨음이니 그가 선지자들과 너희의 지도자인 선견자들을 덮으셨음이라"

'머리'는 선견자를 의미합니다. 이 말씀은 다른 사람을 가르칠 책임이 있는 선지자와 선견자들의 영적 무지함과 그들을 사로잡고 있는 수치와 방종함을 가리키고 있습니다(참조: 골 1:18 "그는 몸인 교회의 머리시라 그가 근본이시요 죽은 자들 가운데서 먼저 나신 이시니 이는 친히 만물의 으뜸이 되려 하심이요").

사 9:15 "그 머리는 곧 장로와 존귀한 자요 그 꼬리는 곧 거짓말을 가르치는 선지자라"(장로-벧전 5:1-3, 꼬리-계 9:19, 12:4)

'머리'는 선견자(앞을 내다볼 수 있는 자)요, 장로와 존귀한 자를 의미합니다. 이처럼 머리를 소반에 담아서 주는 것은 하나님께서 먹으라(가지라)고 말씀을 주신 것으로 깨닫기 바랍니다. 그래야 예수님이 오실 길을 예비할 수 있다는 의미로 이해할 수 있습니다. 하나님의 말씀은 영이요 생명입니다(요 6:63).

왜 이 여아는 어미에게 소반에 담은 세례 요한의 머리를 갖다주었을까요? 이 어미는 교회 안에서 첫사랑을 잃어버린 자를 의미합니다.

계 2:2-4 "²내가 네 행위와 수고와 네 인내를 알고 또 악한 자들을 용납하지 아니한 것과 자칭 사도라 하되 아닌 자들을 시험하여 그의 거짓된 것을 네가 드러낸 것과 ³또 네가 참고 내 이름을 위하여 견디고 게으르지 아니한 것을 아노라 ⁴그러나 너를 책망할 것이 있나니 너의 처음 사랑을 버렸느니라"

오늘날 많은 어미들이(교회가 많은 자녀들을 낳아 번성하고 부유하다고 하나) 첫사랑을 잃어버리고 미지근하여 뜨겁지도 차지도 않아, 하나님께서 입에서 토하여 내친다고 말씀하고 계십니다.

계 3:16-17 "¹⁶네가 이같이 미지근하여 뜨겁지도 아니하고 차지도 아니하니 내 입에서 너를 토하여 버리리라 ¹⁷네가 말하기를 나는 부자라 부요하여 부족한 것이 없다 하나 네 곤고한 것과 가련한 것과 가난한 것과 눈먼 것과 벌거벗은 것을 알지 못하는도다"(참조: 곤고=어렵고 고생스러움, 가련=불쌍하다, 동정심이 갈 만큼 애틋하다)

그래서 이 천국 아이가 어미에게 소반에 담은 세례 요한의 머리를 갖다주어서 먹게(겔 2:8) 하였던 것입니다. 그래야만 다시금 예수님의 재림의 길을 내기 위해 광야(세상)에서 외칠 수 있기 때문입니다.

하나님께서는 오늘날에도 예수 그리스도는 어제나 오늘이나 영원토록 동일하시니(히 13:8) 두루마리를 먹고 가서 이스라엘 족속들에게 외치라(고하라)고 말씀하고 계십니다.

겔 3:1 "또 그가 내게 이르시되 인자야 너는 발견한 것을 먹으라 너는 이 두루마리를 먹고 가서 이스라엘 족속에게 말하라 하시기로"

첫사랑을 회복하고, 예수님의 재림의 길을 예비하는 하나님의 자녀들이 다 되시길 축원합니다.

신도를 잡으라

창 15:6-10 "아브람이 여호와를 믿으니 여호와께서 이를 그의 의로 여기시고 또 그에게 이르시되 나는 이 땅을 네게 주어 소유를 삼게 하려고 너를 갈대아인의 우르에서 이끌어 낸 여호와니라 그가 이르되 주 여호와여 내가 이 땅을 소유로 받을 것을 무엇으로 알리이까 여호와께서 그에게 이르시되 나를 위하여 삼 년 된 암소와 삼 년 된 암염소와 삼 년 된 숫양과 산비둘기와 집비둘기 새끼를 가져올지니라 아브람이 그 모든 것을 가져다가 그 중간을 쪼개고 그 쪼갠 것을 마주 대하여 놓고 그 새는 쪼개지 아니하였으며"(참조: 출 32:27-29)

하나님의 말씀은 영이요 생명이며, 종종 비유로 되어 있습니다.

요 6:63 "살리는 것은 영이니 육은 무익하니라 내가 너희에게 이른 말은 영이요 생명이라"

하나님의 말씀을 육신의 생각으로 받으면 사망에 이릅니다.

롬 8:6-7 "⁶육신의 생각은 사망이요 영의 생각은 생명과 평안이니라 ⁷육신의 생각은 하나님과 원수가 되나니 이는 하나님의 법에 굴복하지 아니할 뿐 아니라 할 수도 없음이라"

육에 속한 사람은 하나님의 성령의 일을 받지 못하며, 하나님의 말씀을 깨닫지도 못합니다.

고전 2:14 "육에 속한 사람은 하나님의 성령의 일들을 받지 아니하나니 이는 그것들이 그에게는 어리석게 보임이요, 또 그는 그것들을 알 수도 없나니 그러한 일은 영적으로 분별되기 때문이라"

그래서 예수님을 영접하고 믿는 성도라면 불과 성령으로 세례를 받아야 합니다(마 3:11; 롬 8:9, 참조: 불-히 12:29, 성령-요 14:26).

고전 2:10 "오직 하나님이 성령으로 이것을 우리에게 보이셨으니 성령은 모든 것 곧 하나님의 깊은 것까지도 통달하시느니라"

왜 하나님께서는 창세기 15장 8-9절에서 이 땅에서 업(개역한글, 개역개정은 '소유')을 삼으려거든 삼 년 된 암소와 삼 년 된 암염소와 삼 년 된 숫양을 취하여 그 중간을 쪼개고 새는 쪼개지 말라고 했을까요?(참조: 교회는 세분화하면 다섯 종류, 단순히 나누면 네 종류로 나눌 수 있음)

하나님은 종종 비유로 말씀하고 있으며, 통용 문자 안에는 영이요 생명의 말씀이 흐르고 있습니다(영이요 생명의 말씀이 곧 천국 복음입니다).

그러면 본문에서 말씀하신 '업'은 무슨 뜻일까요? 본문에서 '업'은 우리의 직업을 의미하며, '땅'은 성경에서 가나안 땅을 상징합니다. 오늘날 이 땅은 그리스도의 몸 된 교회를 의미합니다.

이 땅에서 '업'(직업=목사)을 갖기(잡기) 위해서는, 삼 년 된 암소와 삼 년 된 암염소와 삼 년 된 숫양과 산비둘기와 집비둘기 새끼를 취하라고 말씀하고 있습니다(참조: 십자가-막 8:34-35, 예: 요셉-창 50:25-26; 고전 15:31 "나는 날마다 죽노라"). 또한 삼 년 된 암소와 암염소와 숫양을 잡아서 중간을 쪼개고, 새는 쪼개지 말라고 말씀하고 있습니다.

여기서 새는 비둘기를 의미하며, 비둘기는 성경에서 성령을 상징합니다(예: 마 3:16; 요 19:23-24-속옷, 참조: 집비둘기 새끼-고전 3:9, 하나님의 집-마 19:14, 어린아이들-호 11:11, 새, 비둘기=사람-사 3:16-17; 요 2:16, 비둘기는 여기서 가져가라-욘 1:15, 새-창 1:21-22; 마 13:31-32, 노아의 홍수-창 7:2-3). 그래서 새는 쪼개지 말라고 말씀하고 있습니다.

그러면 왜 하나님께서는 이 땅에서 '업'(직업=목사)을 삼으려면 삼년 된 암소와 암염소와 숫양을 잡아 중간을 쪼개라고 했을까요?

첫째, 업을 삼으려고 동물들의 중간을 쪼개기 위해서는 칼이 필요합니다. 성경에서 칼은 영적으로 무엇을 의미합니까?

엡 6:17 "구원의 투구와 성령의 검 곧 하나님의 말씀을 가지라"

히 4:12 "하나님의 말씀은 살아 있고 활력이 있어 좌우에 날 선 어떤 검보다도 예리하여 혼과 영과 및 관절과 골수를 찔러 쪼개기까지 하며 또 마음의 생각과 뜻을 판단하나니"

하나님의 말씀을 대언하는 자들은 그 입을 통하여 날 선 검이 나와서 혼과 영과 관절과 골수를 찔러 쪼개는 역사가 일어나야 합니다.

계 1:16 "그의 오른손에 일곱 별이 있고 그의 입에서 좌우에 날 선 검이 나오고 그 얼굴은 해가 힘 있게 비치는 것 같더라"(참조: 일곱 별 교회의 사자-계 1:20)

그래서 예수님께서는 검 없는 자는 겉옷을 팔아 검을 사라고 하셨습니다(겉옷=능력이 나타남→이제는 검 곧 말씀).

눅 22:36 "이르시되 이제는 전대 있는 자는 가질 것이요 배낭도 그리하고 검 없는 자는 겉옷을 팔아 살지어다"(참조: 율법과 복음, 겉옷=능력에 의의 옷=검, 생명의 말씀)

눅 22:38 "그들이 여짜오되 주여 보소서 여기 검 둘이 있나이다 대답하시되 족하다 하시니라"(검 둘=구약과 신약, 참조: 율법과 복음)

하나님께서는 마지막 때 의인 중에서 악인을 갈라 내어 풀무불에 던져 넣는다고 말씀하십니다.

마 13:49-50 "[49]세상 끝에도 이러하리라 천사들이 와서 의인 중에서 악인을 갈라 내어 [50]풀무불에 던져 넣으리니 거기서 울며 이를 갈리라"

겔 34:22 "그러므로 내가 내 양 떼를 구원하여 그들로 다시는 노략거리가 되지 아니하게 하고 양과 양 사이에 심판하리라"(참조: 겔 34:17; 마 25:33-양은 오른편에 염소는 왼편에 두리라)

그래서 필히 이 땅(가나안 땅)에서 업(직업=목사)을 갖고자(얻고자) 하는 자는 검을 갖고 있어야 하며, 양과 염소를 분별할 수 있어야 합니다.

하나님께서는 모든 사람을 구원하고자 삼 년 된 암소와 암염소와 숫양을 취하여 중간을 쪼개어 번제단에 올리라고 하시는 것입니다. 즉, 신도(종교인)들을 잡아서 번제단에 올려놓으면 하나님께서 성령의 횃불로 인 쳐 주시어 성도로 변화시키고 부활 생명으로 하나님의 언약의 자녀로 거듭나게 하사 가나안 땅을 업으로 주시겠다는 언약의 말씀입니다.

그래서 삼 년 된 암소와 암염소와 숫양을 취하여 중간을 쪼개 번제단에 올려놓으라고 하시는 것입니다(참조: 번제단=십자가-고전 15:31 나는 날마다 죽노라; 막 8:34-35; 창 50:25-26, 예: 요셉 해골=골고다, 요 19:17).

여기서 '삼'(3)은 확실하다는 의미이며, '다 컸다' '다 자라났다' '이만하면 됐다'는 뜻으로 이해하면 됩니다.

> 전 4:12 "한 사람이면 패하겠거니와 두 사람이면 맞설 수 있나니 세 겹 줄은 쉽게 끊어지지 아니하느니라"

'삼 년 된 암소'(암소는 새끼를 낳는다)라는 표현이 나오는데, 하나님께서는 성경에서 이스라엘 백성을 '암소'로 말씀하고 있습니다.

> 호 4:16 "이스라엘은 완강한 암소처럼 완강하니 이제 여호와께서 어린 양을 넓은 들에서 먹임같이 그들을 먹이시겠느냐"

하나님의 말씀은 종종 비유로 되어 있습니다. 그래서 영이요 생명의 말씀으로 풀어야만 복음과 연결될 수 있습니다(참조: 암 4:1 "사마리아의 산에 있는 바산의 암소들아…").

교회에서 많은 권사님들이 착한 어머니처럼 "아멘, 아멘" 하면서 열심으로 봉사하고 헌신하면서 자녀들도 잘 낳습니다(전도). 사람의 눈으로 보면 참 선하고 열심으로 봉사하고 헌신하며, 또한 누구보다 앞장서서 선교하고 전도합니다. 열심으로 예배에도 참석하므로 나무랄 데가 없고 많은 사람들에게 인정과 칭찬을 받는 사람인데도 하나님께서는 '완강하다'(고집이 세다)고 하십니다.

이런 사람들은 열심으로 예수님을 믿으면서 자기의 '의'가 앞서, 자기가 예수님 앞에서 걸어가면서 예수님은 뒤에 따라오라고 합니다 (예수님을 따라가야 하는데…).

막 8:34 "무리와 제자들을 불러 이르시되 누구든지 나를 따라오려거든 자기를 부인하고 자기 십자가를 지고 나를 따를 것이니라"

그런데도 암소는 어떻게 합니까?

삼상 6:12-14 "¹²암소가 벧세메스 길로 바로 행하여 대로로 가며 갈 때에 울고 좌우로 치우치지 아니하였고 블레셋 방백들은 벧세메스 경계선까지 따라가니라 ¹³벧세메스 사람들이 골짜기에서 밀을 베다가 눈을 들어 궤를 보고 그 본 것을 기뻐하더니 ¹⁴수레가 벧세메스 사람 여호수아의 밭 큰 돌 있는 곳에 이르러 선지라 무리가 수레의 나무를 패고 그 암소들을 번제물로 여호와께 드리고"(참조: 밀을 벨 때=추수 때, 마지막 때 / 성경에서 밀은 부유한 자를 의미하고, 보리는 가난한 자를 의미함)

예수님을 영접하고 믿는 성도라면 언약궤를 메거나 그 뒤에서 따라가야 하는데(수 3:11), 암소는 언약궤를 뒤에 달고 자기가 앞서 갑니다. 그러다 결국 여호수아(호세아, 예수)의 밭에서 큰 돌에 걸려 더 이상 가지 못하고 번제단에 올려집니다(벧전 2:5-6-산 돌이 되신 예수님, 참조: 호 10:11-12-암소 위에 예수님을 태워서 다시금 밭을 갈아야 함).

우리가 예수님을 믿으면서 열심으로 행하는 일이라도, 하나님의 뜻 안에서 믿고 행하지 않고 나의 '의'로 열심히 행한 일들에 대해서 하나님께서는 불법을 행한 자라고 말씀하십니다(참조: 마 7:21-23).

하나님께서는 이런 자들을 잡아서 중간을 쪼개어 번제단에 올리라고 말씀하고 있습니다(참조: 호 14:2 "너는 말씀을 가지고 여호와께로 돌아와서 아뢰기를 모든 불의를 제거하시고 선한 바를 받으소서 우리가 수송아지를 대신하여 입술의 열매를 주께 드리리이다").

하나님께서는 심판날에 선인과 악인을 구별할 때, 세상 사람들과 예수 믿는 사람을 구별하는 것이 아니라, 예수님을 영접하고 믿어 스스로 의인이라 생각하는 사람들 중에서 악인을 골라내어 불못에 던진다는 것을 기억해야 합니다.

> 마 13:49-50 "⁴⁹세상 끝에도 이러하리라 천사들이 와서 의인 중에서 악인을 갈라 내어 ⁵⁰풀무불에 던져 넣으리니 거기서 울며 이를 갈리라"
> (참조: 겔 34:22, 양과 양 사이에 심판)

> 마 25:33 "양은 그 오른편에 염소는 왼편에 두리라"

하나님의 일은 예수님의 이름과 그리스도의 마음으로(빌 2:5) 해야 하는데, 염소들은 자기의 '의'로 행하며 자기의 뜻을 나타냅니다. 이들은 하나님께서 보시기에 불법을 행하는 자이기에 불못에 들어가게 됩니다(예: 가인-창 4:5-7, 참조: 마 25:44-46, 자기의 이름을 나타내며 자기의 '의'로 열심히 행함)

'삼 년 된 숫양'은 영적으로 장로를 의미합니다.

딤전 3:1-5 "¹미쁘다 이 말이여, 곧 사람이 감독의 직분을 얻으려 함은 선한 일을 사모하는 것이라 함이로다 ²그러므로 감독은 책망할 것이 없으며 한 아내의 남편이 되며 절제하며 신중하며 단정하며 나그네를 대접하며 가르치기를 잘하며 ³술을 즐기지 아니하며 구타하지 아니하며 오직 관용하며 다투지 아니하며 돈을 사랑하지 아니하며 ⁴자기 집을 잘 다스려 자녀들로 모든 공손함으로 복종하게 하는 자라야 할지며 ⁵사람이 자기 집을 다스릴 줄 알지 못하면 어찌 하나님의 교회를 돌보리요"

하나님의 교회에서 특히 장로를 선출할 때면 하나님의 나라에 합당한 사람을 선출해야 합니다. 그런데 성도들이 서로 당을 짓고 끼리끼리 편을 가르며 자기들에게 잘 보인 사람을 택하거나, 또는 목사님께서 교회에 오래 다녔다고 해서 좀 부족하더라도 체면을 세워 주기 위해서 뽑거나, 아니면 그 사람이 부유해서 헌금을 많이 하기 때문에 교회 살림살이에 도움이 되어서 장로로 추천하여 사람의 필요에 따라 장로를 선출하지는 않는지 묻지 않을 수 없습니다.

하나님께서는 이렇게 거듭나지 못한 삼 년 된 숫양같이 뿔 난 장로들을 잡아서 중간을 쪼개어 번제단에 올려서 부활 생명으로(롬 6:5-6) 태어나게 하기를 원하신다는 것을 깨닫기 바랍니다.

시 75:5 "너희 뿔을 높이 들지 말며 교만한 목으로 말하지 말지어다"

시 75:10 "또 악인들의 뿔을 다 베고 의인의 뿔은 높이 들리로다"

그리스도의 몸 된 교회에서 "나는 장로다" 하면서 형제자매들 위에 군림하려는 장로들, 장로가 무슨 명예직이나 된 듯 교만한 자들의 뿔은 교인들의 입에 오르내리며 걸리게 되어 있습니다. 이러한 장로들을 잡아서 번제단에 올리는 것이 하나님의 뜻입니다.

창 22:13 "아브라함이 눈을 들어 살펴본즉 한 숫양이 뒤에 있는데 뿔이 수풀에 걸려 있는지라 아브라함이 가서 그 숫양을 가져다가 아들을 대신하여 번제로 드렸더라"

하나님께서는 아들을(롬 8:14) 대신하여 삼 년 된 숫양(교만한 장로)을 잡아 번제단(십자가)에 올려서 부활 생명으로(롬 6:5-6) 거듭나게 하시길 원하십니다(갈 2:20).

그러면 왜 숫양의 뿔이 수풀에 걸립니까?
성경에서 풀은 연약한 우리를 상징하고 있으며, 수풀은 풀이 많이 모여 있다는 것을 의미합니다.

사 40:6-7 "6말하는 자의 소리여 이르되 외치라 대답하되 내가 무엇이라 외치리이까 하니 이르되 모든 육체는 풀이요 그의 모든 아름다움은 들의 꽃과 같으니 7풀은 마르고 꽃이 시듦은 여호와의 기운이 그 위에 붊이라 이 백성은 실로 풀이로다"

이렇게 연약한 자들에게 교만한 장로의 뿔이 걸려 아들 대신 번제단에 올려져야 한다는 것을 깨닫기 바랍니다.

잠 6:2-3 "²네 입의 말로 네가 얽혔으며 네 입의 말로 인하여 잡히게 되었느니라 ³내 아들아 네가 네 이웃의 손에 빠졌은즉 이같이 하라 너는 곧 가서 겸손히 네 이웃에게 간구하여 스스로 구원하되"

그래서 나는 십자가에서 죽고 부활 생명으로 거듭나야 합니다. 하나님은 산 자의 하나님이십니다(마 22:32). 우리를 죽은 상태 그대로 두지 않으십니다.

행 2:24 "하나님께서 그를 사망의 고통에서 풀어 살리셨으니 이는 그가 사망에 매여 있을 수 없었음이라"

하나님께서는 중간이 쪼개져 번제단에 올려진 우리의 죄를 밤에 아무도 모르게 횃불로 모두 소멸해 주십니다. 하나님은 소멸하는 불이기 때문입니다(히 12:29).

창 15:17 "해가 져서 어두울 때에 연기 나는 화로가 보이며 타는 횃불이 쪼갠 고기 사이로 지나더라"

하나님께서는 소멸하는 불로 우리에게 인치시고, 보증으로 성령을 우리 마음에 주셨다는 것을 믿으시기 바랍니다.

고후 1:22 "그가 또한 우리에게 인치시고 보증으로 우리 마음에 성령을 주셨느니라"

하나님께서는 이렇게 부활 생명으로 거듭난 자와 언약을 세우시고 창조의 역사를 이루어 가십니다.

창 15:18 "그날에 여호와께서 아브람과 더불어 언약을 세워 이르시되 내가 이 땅을 애굽 강에서부터 그 큰 강 유브라데까지 네 자손에게 주노니"(애굽강=애굽)+(유브라데강=에덴동산에서 흘러내리는 강)

즉, 하늘과 땅이 하나가 되는 것을 의미합니다. 이것을 예수님이 십자가에서 다 이루어 주셨습니다(요 19:30).

엡 1:10 "하늘에 있는 것이나 땅에 있는 것이 다 그리스도 안에서 통일 되게 하려 하심이라"

십자가를 통하여 죄인이었던 우리가 하나님과 화목하게 된 것입니다.

골 1:20 "그의 십자가의 피로 화평을 이루사 만물 곧 땅에 있는 것들이나 하늘에 있는 것들이 그로 말미암아 자기와 화목하게 되기를 기뻐하심이라"

그래서 가나안 땅에서 업(직업)을 가지려면 검을 갖고 삼 년 된 암소와 암염소와 숫양의 중간을 쪼개 놓아야 합니다.

살아 있는 떡을 먹자⑴

요 6:51 "나는 하늘에서 내려온 살아 있는 떡이니 사람이 이 떡을 먹으면 영생하리라 내가 줄 떡은 곧 세상의 생명을 위한 내 살이니라 하시니라"

예수님께서는 자신을 하늘에서 내려온 살아 있는 떡에 비유하셨습니다. 이 떡을 먹어야만 영원한 생명을 갖고 살아간다고 말씀하셨습니다.

요 6:35 "예수께서 이르시되 나는 생명의 떡이니 내게 오는 자는 결코 주리지 아니할 터이요 나를 믿는 자는 영원히 목마르지 아니하리라"

예수님을 영접하고 믿는 성도라면 하늘에서 내려온 살아 있는 떡을 먹어야만 영원히 목마르지 않고 영원한 생명으로 하늘나라에서 하나님과 함께 영원히 살 수 있다는 것을 믿으시기 바랍니다(참조: 히 13:8; 마 22:32). 그러므로 예수님을 영접하고 믿는 자들은 권세자가 주는 떡을 먹어야 합니다.

시 78:25 "사람이 힘센 자의 떡을 먹었으며 그가 음식을 그들에게 충족히 주셨도다"(충족: 넘치다, 만족하다; 하나님이 완전히 채워 주셨다)

믿는 성도들에게는 오직 예수님만이 온전하시고 만유 가운데 충만하신 분입니다.

1. 떡은 먹는 것입니다. 왜 떡을 먹어야 합니까?

먹어야 하나가 되는 것이며, 우리가 먹을 때 예수님께서 축복하시고 떡을 떼어 주십니다.

마 26:26 "그들이 먹을 때에 예수께서 떡을 가지사 축복하시고 떼어 제자들에게 주시며 이르시되 받아서 먹으라 이것은 내 몸이니라 하시고"

그래서 하나님께서도 에스겔 선지자에게 '네 입을 벌리고 내가 네게 주는 것을 먹으라'고 하십니다.

겔 2:8 "너 인자야 내가 네게 이르는 말을 듣고 그 패역한 족속같이 패역하지 말고 네 입을 벌리고 내가 네게 주는 것을 먹으라 하시기로"

겔 3:2-3 "^{2}내가 입을 벌리니 그가 두루마리를 내게 먹이시며 ^{3}내게 이르시되 인자야 내가 네게 주는 이 두루마리로 네 배에 넣으며 네 창자에 채우라 하시기에 내가 먹으니 그것이 내 입에서 달기가 꿀 같더라"(만나-출 16:31 "이스라엘 족속이 그 이름을 만나라 하였으며 깟씨같이 희고 맛은 꿀 섞은 과자 같았더라", 참조: 임마누엘 신앙-요 15:5, 두루마리

=겉옷-마 9:20-22; 계 19:13, 꿀-마 3:4, 석청)

2. 떡을 먹으면 그때부터 그것이 내 안에서 살아서 역사하기 시작합니다.

히 4:12-13 "[12]하나님의 말씀은 살아 있고 활력이 있어 좌우에 날 선 어떤 검보다도 예리하여 혼과 영과 및 관절과 골수를 찔러 쪼개기까지 하며 또 마음의 생각과 뜻을 판단하나니 [13]지으신 것이 하나도 그 앞에 나타나지 않음이 없고 우리의 결산을 받으실 이의 눈앞에 만물이 벌거벗은 것같이 드러나느니라(예: 렘 17:9; 욥 23:10)

만물보다 거짓되고 심히 부패한 것들을 다 씻어 내고 성령의 불로 불순물들을 다 골라내면 우리 마음의 눈이 열리기 시작하면서 하나님의 경륜을 깨닫게 됩니다(참조: 막 7:21-23).

엡 1:18-19 "[18]너희 마음의 눈을 밝히사 그의 부르심의 소망이 무엇이며 성도 안에서 그 기업의 영광의 풍성함이 무엇이며 [19]그의 힘의 위력으로 역사하심을 따라 믿는 우리에게 베푸신 능력의 지극히 크심이 어떠한 것을 너희로 알게 하시기를 구하노라"

3. 왜 오늘날 교회와 세상이 어지럽고 혼잡합니까?

호 7:8 "에브라임이 여러 민족 가운데에 혼합되니 그는 곧 뒤집지 않은 전병이로다"(전병: 번철에 구운 넓적하고 둥근 떡)

떡은 앞뒤로 뒤집어 가며 잘 익혀 먹어야 하는데 전병을 뒤집지 않고 먹으니 교회와 세상이 혼잡하고 어지러울 수밖에 없습니다. 성도들에게 영적으로 율법과 복음, 구약과 신약을 골고루 뒤집으면서 익혀 먹여야 하는데 율법적인 말씀을 먹이므로 교회가 변하지 않고 종교적인 믿음으로 세상과 혼합된 삶을 살아가는 것입니다.

욥 13:28 "나는 썩은 물건의 낡아짐 같으며 좀먹은 의복 같으니이다"

그래서 하나님께서는 썩을 양식을 위하여 일하지 말고 영생하도록 있는 양식을 위하여 하라고 말씀하십니다.

요 6:27 "썩을 양식을 위하여 일하지 말고 영생하도록 있는 양식을 위하여 하라 이 양식은 인자가 너희에게 주리니 인자는 아버지 하나님께서 인치신 자니라"(성령으로 인치심을 받아야 합니다; 참조: 고전 9:25-면류관)

4. 나 자신이 떡을 갖고 있어야 합니다.

마 16:5 "제자들이 건너편으로 갈새 떡 가져가기를 잊었더니"

떡이 무엇인지 알아야 합니다. 이것은 예수님의 비유의 말씀(마 16:6-12)입니다.
교훈은 교육하고 훈계하는 것을 뜻합니다. 교훈은 말씀을 의미합니다. 하나님의 말씀은 하늘에서 내려옵니다.

신 32:1-2 "¹하늘이여 귀를 기울이라 내가 말하리라 땅은 내 입의 말을 들을지어다 ²내 교훈은 비처럼 내리고 내 말은 이슬처럼 맺히나니 연한 풀 위의 가는 비 같고 채소 위의 단비 같도다"

땅은 하나님의 말씀에 귀를 기울여야 합니다.

사 1:2 "하늘이여 들으라 땅이여 귀를 기울이라 여호와께서 말씀하시기를 내가 자식을 양육하였거늘 그들이 나를 거역하였도다"

시 100:1-3 "¹온 땅이여 여호와께 즐거운 찬송을 부를지어다 ²기쁨으로 여호와를 섬기며 노래하면서 그의 앞에 나아갈지어다 ³여호와가 우리 하나님이신 줄 너희는 알지어다 그는 우리를 지으신 이요 우리는 그의 것이니 그의 백성이요 그의 기르시는 양이로다"

5. 권세 있는 교훈은 누가 전하였습니까?

막 1:21-22 "²¹그들이 가버나움에 들어가니라 예수께서 곧 안식일에 회당에 들어가 가르치시매 ²²뭇 사람이 그의 교훈에 놀라니 이는 그가 가르치시는 것이 권위 있는 자와 같고 서기관들과 같지 아니함일러라"

6. 살아 있는 교훈의 말씀이 선포되면 어떠한 능력이 나타납니까?

막 1:23-27 "²³마침 그들의 회당에 더러운 귀신 들린 사람이 있어 소리질러 이르되 ²⁴나사렛 예수여 우리가 당신과 무슨 상관이 있나이까 우리를 멸하러 왔나이까 나는 당신이 누구인 줄 아노니 하나님의 거룩한 자니이다 ²⁵예수께서 꾸짖어 이르시되 잠잠하고 그 사람에게서 나오라 하시니 ²⁶더러운 귀신이 그 사람에게 경련을 일으키고 큰 소리를 지르며 나오는지라 ²⁷다 놀라 서로 물어 이르되 이는 어쩜이냐 권위있는 새 교훈이로다 더러운 귀신들에게 명한즉 순종하는도다 하더라"

귀신도 예수님이 하나님의 거룩하신 자인 줄 알고 예수님의 새 교훈(살아 있는 교훈=살아 있는 떡)인 말씀을 알고 순종합니다.

7. 그러면 오늘날 하나님은 어떠한 자를 사용하십니까?(참조: 히 13:8)

하나님께서는 오늘날에도 우리에게 먹을 것을 주라고 하십니다. 그래서 우리 자신이 살아 있는 떡을 가지고 있어야 합니다.
예수님은 그 떡을 사용하셔서 여자와 아이 외에 5천 명을 먹이셨습니다. 그때 먹고 남은 조각이 12바구니나 되었습니다(마 14:15-21).
떡 다섯 개와 물고기 두 마리는 성경에 다 짝이 있어(사 34:16) 성경으로 풀어야 하며, 살리는 것은 영이기 때문에(요 6:63) 성령을 통하여 깨달아 알 수 있습니다(고전 2:10). (참조: 조각, 시 22:15 내 힘이 말라 질그릇 조각 같고)

고전 2:10 "오직 하나님이 성령으로 이것을 우리에게 보이셨으니 성령은 모든 것 곧 하나님의 깊은 것까지도 통달하시느니라"

성경에서 '다섯'은 '알곡'을 의미하며, '둘'은 '증인'을 상징합니다(예: 마 25장-슬기로운 다섯 처녀, 미련한 다섯 처녀, 삼상 17:40-다윗이 시내에서 매끄러운 돌 다섯을 취함).

마 4:19 "말씀하시되 나를 따라오라 내가 너희를 사람을 낚는 어부가 되게 하리라 하시니"

예수님께서는 항상 물(생명수) 속에 사는 물고기 두 마리(증인)를 사용하신다는 것을 믿으시기 바랍니다.

예수님께서는 또 떡 일곱 개와 작은 생선 두 마리로 4천 명을 먹이셨고, 그때 남은 조각이 7광주리나 되었습니다(마 15:32-38).

성경에서 '7'은 완전함을 의미하며, 또 하늘과 땅, 성부와 성자와 성령, 동서남북을 뜻합니다(3+4=7).

오직 완전하고 죄가 없으신 분은 예수님 한(1) 분이십니다. 그래서 피조물(6)인 우리에게 예수님이 임해야 이 땅에서 '7'이 될 수 있습니다.

예수님께서는 이러한 자를 사용하시어 여자와 어린아이를 빼고 4천 명을 먹이셨습니다(4=동, 서, 남, 북).

그래서 신약을 27권으로 만들었습니다. '2(증인)+7(완전한 자)=27' 이런 자들이 예수님의 증인이 될 수 있습니다.

성경에서 '작은 자'는 겸손한 자, 마음이 가난한 자를 뜻합니다(마 5:2 "심령이 가난한 자는 복이 있나니 천국이 그들의 것임이요", 예: 만나, 사울왕).

삼상 15:17 "사무엘이 이르되 왕이 스스로 작게 여길 그때에 이스라엘 지파의 머리가 되지 아니하셨나이까 여호와께서 왕에게 기름을 부어 이스라엘 왕을 삼으시고"

죽은 물고기를 '생선'이라 부릅니다.

갈 2:20 "내가 그리스도와 함께 십자가에 못 박혔나니 그런즉 이제는 내가 사는 것이 아니요 오직 내 안에 그리스도께서 사시는 것이라 이제 내가 육체 가운데 사는 것은 나를 사랑하사 나를 위하여 자기 자신을 버리신 하나님의 아들을 믿는 믿음 안에서 사는 것이라"

하나님께서는 이런 자들을 사용하여 구원의 역사를 이루어 가고 계십니다. 오늘날에도 이렇게 살아 있는 떡을 갖고 있는 증인들을 통하여 조각돌을 모으고 있다는 것을 믿으시기 바랍니다(참조: 요 21:10 지금 잡은 생선, 창 1:21-22-큰 물고기, 나는 새, 왕상 17:13; 눅 4:25-26-사르밧 과부).

우리는 살아 있는 떡을 먹고 살아 있는 떡과 함께 예배에 참여해야 합니다.

출 12:15-16 "[15]너희는 이레 동안 무교병을 먹을지니 그 첫날에 누룩을 너희 집에서 제하라 무릇 첫날부터 일곱째 날까지 유교병을 먹는 자는 이스라엘에서 끊어지리라 [16]너희에게 첫날에도 성회요 일곱째 날에도 성회가 되니니 너희는 이 두 날에는 아무 일도 하지 말고 각자의 먹을 것만 갖출 것이니라"(참조 무교병: 누룩이 없는 떡)

살아 있는 떡을 먹자(2)

요 6:51 "나는 하늘에서 내려온 살아 있는 떡이니 사람이 이 떡을 먹으면 영생하리라 내가 줄 떡은 곧 세상의 생명을 위한 내 살이니라 하시니라"

예수님께서는 자신을 하늘에서 내려온 살아 있는 떡에 비유하셨습니다. 이 떡을 먹어야만 영원한 생명을 갖고 살아간다고 말씀하고 있습니다(살아 있는 떡-히 12:29, 불이 있어야 합니다-마 3:11, 참조: 히 13:8; 계 21:6-알파와 오메가).

요 6:35 "예수께서 이르시되 나는 생명의 떡이니 내게 오는 자는 결코 주리지 아니할 터이요 나를 믿는 자는 영원히 목마르지 아니하리라"

예수님을 영접하고 믿는 성도라면 하늘에서 내려온 살아 있는 떡을 먹어야만 영원히 목마르지 않고 영원한 생명으로 하늘나라에서 영원히 하나님과 천국을 함께 누릴 수 있다는 것을 믿으시기 바랍니다(참조: 호 7:8 "에브라임이 여러 민족 가운데에 혼합되니 그는 곧 뒤집지 않은 전병이로다", 호 7:4 "그들은 다 간음하는 자라 과자 만드는 자에 의해 달궈진 화덕과 같도다 그가 반죽을 뭉침으로 발효되기까지만 불 일으키기를 그칠 뿐이니라").

　그러므로 예수님을 영접하고 믿는 자들은 권세자가 주는 떡을 먹어야 합니다.

　시 78:25 "사람이 힘센 자의 떡을 먹었으며 그가 음식을 그들에게 충족히 주셨도다"(충족: 넘치다, 만족하다; 하나님께서 완전히 채워 주셨다)

성도들에게는 오직 예수님만이 온전하시고 만유 가운데 충만하신 분입니다.
　하나님께서는 오늘날에도 우리가 온전하시고 죄가 하나도 없으신 예수님과 함께 예배에 참여하기를 원하십니다.

　출 12:15-16 "¹⁵너희는 이레 동안 무교병을 먹을지니 그 첫날에 누룩을 너희 집에서 제하라 무릇 첫날부터 일곱째 날까지 유교병을 먹는 자는 이스라엘에서 끊어지리라 ¹⁶너희에게 첫날에도 성회요 일곱째 날에도 성회가 되니 너희는 이 두 날에는 아무 일도 하지 말고 각자의 먹을 것만 갖출 것이니라"

　예수님을 영접하고 믿는 성도라면 하늘에서 내려온 살아 있는 떡을 먹어야 합니다. 먹는다는 것은 하나가 되는 것을 의미합니다. 그것이 '너희가 내 안에 내가 너희 안에 있는' 임마누엘 신앙입니다(요 15:5). 이런 자들이 하나님께서 말씀하시는 참 그리스도인입니다.

　롬 8:9 "만일 너희 속에 하나님의 영이 거하시면 너희가 육신에 있지 아니하고 영에 있나니 누구든지 그리스도의 영이 없으면 그리스도의 사람이 아니라"

하나님의 아들을 내 안에 성령으로 모시고 있는 자에게만 하나님께서 함께하고 있는 것입니다(임마누엘=하나님이 우리와 함께하신다, 참조: 마 1:23). 하나님께서는 이런 사람들을 신령한 사람들이라고 말씀합니다.

고전 2:12-14 "^{12}우리가 세상의 영을 받지 아니하고 오직 하나님으로부터 온 영을 받았으니 이는 우리로 하여금 하나님께서 우리에게 은혜로 주신 것들을 알게 하려 하심이라 ^{13}우리가 이것을 말하거니와 사람의 지혜가 가르친 말로 아니하고 오직 성령께서 가르치신 것으로 하니 영적인 일은 영적인 것으로 분별하느니라 ^{14}육에 속한 사람은 하나님의 성령의 일들을 받지 아니하나니 이는 그것들이 그에게는 어리석게 보임이요, 또 그는 그것들을 알 수도 없나니 그러한 일은 영적으로 분별되기 때문이라"(참조: 고전 15:48-49-흙에 속한 자의 형상, 하늘에 속한 자의 형상)

신령한 사람이 되어 하나님과 교통하기 위해서는 하늘에서 내려온 살아 있는 떡을 먹어야만 합니다. 신령한 사람이 되어야 아담이 에덴동산에서 하나님과 동행했듯 이 땅에서 천국의 삶을 영위하면서 살아갈 수 있습니다.

창 5:21-24 "^{21}에녹은 육십오 세에 므두셀라를 낳았고 ^{22}므두셀라를 낳은 후 삼백 년을 하나님과 동행하며 자녀들을 낳았으며 ^{23}그는 삼백육십오 세를 살았더라 ^{24}에녹이 하나님과 동행하더니 하나님이 그를 데려가시므로 세상에 있지 아니하였더라"(휴거, 참조: 열두 달=365일-벤후

3:8; 롬 6:5-연합)

암 3:3 "두 사람이 뜻이 같지 않은데 어찌 동행하겠으며"

떡은 먹어야 그 맛을 제대로 알 수 있습니다. 그래서 하나님께서는 먹으라고 하십니다(생수를 먹어야 함, 참조: 렘 17:13).

겔 3:3 "내게 이르시되 인자야 내가 네게 주는 이 두루마리를 네 배에 넣으며 네 창자에 채우라 하시기에 내가 먹으니 그것이 내 입에서 달기가 꿀 같더라"(참조: 시 119:103; 잠 16:24)

왜 창자를 하나님의 말씀으로 채우라고 하십니까?

행 1:18 "이 사람이 불의의 삯으로 밭을 사고 후에 몸이 곤두박질하여 배가 터져 창자가 다 흘러나온지라"

왜 배가 터져 창자가 흘러나옵니까?

대하 21:15 "또 너는 창자에 중병이 들고 그 병이 날로 중하여 창자가 빠져나오리라 하셨다 하였더라"

하나님의 말씀을 먹지 않기 때문에 창자에 중병이 들고 날로 그 병이 중하여져 창자가 빠져나옵니다. 마귀의 공격을 많이 받으면, 즉 화인 맞으면 허리를 뚫고 쓸개가 땅에 흘러나옵니다.

욥 16:13 "그의 화살들이 사방에서 날아와 사정없이 나를 쏨으로 그는 내 콩팥들을 꿰뚫고 그는 내 쓸개가 땅에 흘러나오게 하시는구나"(허리-창 35:11; 요 19:34)

그래서 예수님을 영접하고 믿는 성도라면 어린아이가 엄마의 젖을 간절히 찾듯 하나님의 천국 복음을 찾아 먹어야 구원에 이릅니다.

벧전 2:2 "갓난아기들같이 순전하고 신령한 젖을 사모하라 이는 그로 말미암아 너희로 구원에 이르도록 자라게 하려 함이라"

아기는 잘 먹고 잘 배설해야 합니다.

벧전 2:1 "그러므로 모든 악독과 모든 기만과 외식과 시기와 모든 비방 하는 말을 버리고"

이런 것들을 다 밖으로 내보내야 중병에 걸리지 않고 건강하고 지혜로운 자녀로 자라 갈 수 있습니다.

눅 2:40 "아기가 자라며 강하여지고 지혜가 충족하며 하나님의 은혜가 그의 위에 있더라"

우리가 영적으로 자라 갈 때 하나님의 은혜가 임한다는 것을 깨닫기 바랍니다(참조: 약 1:17-온갖 좋은 것은 하늘에서).

이때부터 영안이 밝아지고 마음의 눈이 열립니다. 그러므로 하나님의 부르심의 소망이 무엇이며 하늘의 기업의 풍성함이 무엇인지 알아 가게 됩니다.

엡 1:18-19 "^{18}너희 마음의 눈을 밝히사 그의 부르심의 소망이 무엇이며 성도 안에서 그 기업의 영광의 풍성함이 무엇이며 ^{19}그의 힘의 위력으로 역사하심을 따라 믿는 우리에게 베푸신 능력의 지극히 크심이 어떠한 것을 너희로 알게 하시기를 구하노라"

그러면서 어린아이의 일을 버리기 시작합니다.

고전 13:11-12 "^{11}내가 어렸을 때에는 말하는 것이 어린아이와 같고 깨닫는 것이 어린아이와 같고 생각하는 것이 어린아이와 같다가 장성한 사람이 되어서는 어린아이의 일을 버렸노라 ^{12}우리가 지금은 거울로 보는 것같이 희미하나 그때에는 얼굴과 얼굴을 대하여 볼 것이요 지금은 내가 부분적으로 아나 그때에는 주께서 나를 아신 것같이 내가 온전히 알리라"(참조: 욥 42:5)

이런 자들이 지각을 사용하여 선악을 분별할 수 있는 것입니다.

히 5:13-14 "^{13}이는 젖을 먹는 자마다 어린아이니 의의 말씀을 경험하지 못한자요 ^{14}단단한 음식은 장성한 자의 것이니 그들은 지각을 사용함으로 연단을 받아 선악을 분별하는 자들이니라"(지각=깨달음, 연단-욥 23:10; 롬 5:4 "인내는 연단을, 연단은 소망을 이루는 줄 앎이로다")

이런 자들이 의의 군병들이며 장성했다고 하는 것입니다. 따라서 예수님을 영접하고 믿는 성도라면 하늘에서 내려온 살아 있는 떡을 먹고 하나님과 그의 아들을 아는 것과 믿는 것에 하나가 되어 그리스도의 장성한 분량까지 자라나야 합니다.

엡 4:13 "우리가 다 하나님의 아들을 믿는 것과 아는 일에 하나가 되어 온전한 사람을 이루어 그리스도의 장성한 분량이 충만한 데까지 이르리니"(참조: 요 17:3 영생 있는 자)

이렇게 장성한 분량까지 자란 자들이 살아 있는 떡에 참여하는 자들입니다. 또한 성령 안에서 한 지체로 그리스도의 몸을 세워 가는 성도들이며 교회입니다.

고전 10:17 "떡이 하나요 많은 우리가 한 몸이니 이는 우리가 다 한 떡에 참여함이라"(신 24:6-가루에 생명수가 들어가고 성령의 불로 달구어질 때 떡이 되어 나오는 것임, 참조: 신 24:6; 고전 12:27-지체)

엡 2:20-22 "[20]너희는 사도들과 선지자들의 터 위에 세우심을 입은 자라 그리스도 예수께서 친히 모퉁잇돌이 되셨느니라 [21]그의 안에서 건물마다 서로 연결하여 주 안에서 성전이 되어 가고 [22]너희도 성령 안에서 하나님이 거하실 처소가 되기 위하여 그리스도 예수 안에서 함께 지어져 가느니라"

빌 2:5 "너희 안에 이 마음을 품으라 곧 그리스도 예수의 마음이니"

이렇게 지어져 가는 교회와 성도들이 그리스도의 마음을 나타내는 자들입니다.

이런 자들에게서 생명에 이르는 냄새가 나타나므로 세상이 달라지는 것이며, 교회에서도 살아 있는 떡 냄새가 나므로 부흥하여 하나님께 영광을 올려드릴 수 있는 것입니다.

고후 2:14-16 "¹⁴항상 우리를 그리스도 안에서 이기게 하시고 우리로 말미암아 각처에서 그리스도를 아는 냄새를 나타내시는 하나님께 감사하노라 ¹⁵우리는 구원받는 자들에게나 망하는 자들에게나 하나님 앞에서 그리스도의 향기니 ¹⁶이 사람에게는 사망으로부터 사망에 이르는 냄새요 저 사람에게는 생명으로부터 생명에 이르는 냄새라 누가 이 일을 감당하리요"(참조: 호 14:5-7)

이 시대에도 이러한 교회가 있는지 한번 생각해 볼 필요가 있습니다. 오늘날 살아 있는 떡을 만들어 낼 수 있는 교회가 몇이나 될지 궁금하지 않을 수 없습니다(예: 사르밧 과부).

왕상 17:13 "엘리야가 그에게 이르되 두려워하지 말고 가서 네 말대로 하려니와 먼저 그것으로 나를 위하여 작은 떡 하나를 만들어 내게로 가져오고 그 후에 너와 네 아들을 위하여 만들라"(그것=가루 한 움큼, 기름 조금, 아들-왕상 17:12)

사르밧 과부 집에만 가루 한 움큼과 기름과 아들이 있었습니다. 오늘날에도 사르밧 과부 같은 교회에서만 살아 있는 떡을 만들어 낼 수 있다는 것을 믿으시기 바랍니다(참조: 아들).

요일 5:12 "아들이 있는 자에게는 생명이 있고 하나님의 아들이 없는 자에게는 생명이 없느니라"

그래서 하나님께서는 흉년이 들었을 때 엘리야를 사렙다 과부 집으로 보냈습니다.

눅 4:25-26 "^{25}내가 참으로 너희에게 이르노니 엘리야 시대에 하늘이 삼 년 육 개월간 닫히어 온 땅에 큰 흉년이 들었을 때에 이스라엘에 많은 과부가 있었으되 ^{26}엘리야가 그중 한 사람에게도 보내심을 받지 않고 오직 시돈 땅에 있는 사렙다의 한 과부에게뿐이었으며"

복음의 신을 신자

마 3:11 "나는 너희로 회개하게 하기 위하여 물로 세례를 베풀거니와 내 뒤에 오시는 이는 나보다 능력이 많으시니 나는 그의 신을 들기도 감당하지 못하겠노라 그는 성령과 불로 너희에게 세례를 베푸실 것이요"

하나님께서는 부활 생명으로 거듭난 자녀들이 썩지 않고 더럽지 않고 쇠하지 않는 유업을 이어 가기를 원하십니다.

벧전 1:3-4 "³우리 주 예수 그리스도의 아버지 하나님을 찬송하리로다 그의 많으신 긍휼대로 예수 그리스도를 죽은 자 가운데서 부활하게 하심으로 말미암아 우리를 거듭나게 하사 산 소망이 있게 하시며 ⁴썩지 않고 더럽지 않고 쇠하지 아니하는 유업을 잇게 하시나니 곧 너희를 위하여 하늘에 간직하신 것이라"

그래서 예수님께서는 우리에게 썩을 양식을 위하여 일하지 말고 영생하도록 있는 양식을 위하여 일하라고 말씀하시는 것입니다.

요 6:27 "썩을 양식을 위하여 일하지 말고 영생하도록 있는 양식을 위하여 하라 이 양식은 인자가 너희에게 주리니 인자는 아버지 하나님께서 인치신 자니라"

하나님께서는 이스라엘에 '고엘 제도'를 두어 가문(족보), 즉 유업을 이어 가도록 하였습니다.

신 25:5-10 "⁵형제들이 함께 사는데 그중 하나가 죽고 아들이 없거든 그 죽은 자의 아내는 나가서 타인에게 시집가지 말 것이요 그의 남편의 형제가 그에게로 들어가서 그를 맞이하여 아내로 삼아 그의 남편의 형제 된 의무를 그에게 다 행할 것이요 ⁶그 여인이 낳은 첫 아들이 그 죽은 형제의 이름을 잇게 하여 그 이름이 이스라엘 중에서 끊어지지 않게 할 것이니라 ⁷그러나 그 사람이 만일 그 형제의 아내 맞이하기를 즐겨하지 아니하면 그 형제의 아내는 그 성문으로 장로들에게로 나아가서 말하기를 내 남편의 형제가 그의 형제의 이름을 이스라엘 중에 잇기를 싫어하여 남편의 형제 된 의무를 내게 행하지 아니하나이다 할 것이요 ⁸그 성읍 장로들은 그를 불러다가 말할 것이며 그가 이미 정한 뜻대로 말하기를 내가 그 여자를 맞이하기를 즐겨하지 아니하노라 하면 ⁹그의 형제의 아내가 장로들 앞에서 그에게 나아가서 그의 발에서 신을 벗기고 그의 얼굴에 침을 뱉으며 이르기를 그의 형제의 집 세우기를 즐겨 아니하는 자에게는 이같이 할 것이라 하고 ¹⁰이스라엘 중에서 그의 이름을 신 벗김 받은 자의 집이라 부를 것이니라"

창 38:6-10 "⁶유다가 장자 엘을 위하여 아내를 데려오니 그의 이름은 다말이더라 ⁷유다의 장자 엘이 여호와가 보시기에 악하므로 여호와께서 그를 죽이신지라 ⁸유다가 오난에게 이르되 네 형수에게로 들어가서 남편의 아우 된 본분을 행하여 네 형을 위하여 씨가 있게 하라 ⁹오난이 그 씨가 자기 것이 되지 않을 줄 알므로 형수에게 들어갔을 때에 그의 형에게 씨를 주지 아니하려고 땅에 설정하매 ¹⁰그 일이 여호와가 보시기에 악하므로 여호와께서 그도 죽이시니"

하나님께서는 이스라엘의 유업(생명)을 이어 가는 것을 매우 중요시했습니다.

룻 4:7-8 "⁷옛적 이스라엘 중에는 모든 것을 무르거나 교환하는 일을 확정하기 위하여 사람이 그의 신을 벗어 그의 이웃에게 주더니 이것이 이스라엘 중에 증명하는 전례가 된지라 ⁸이에 그 기업 무를 자가 보아스에게 이르되 네가 너를 위하여 사라 하고 그의 신을 벗는지라"

그래서 예수님을 영접하고 하나님을 믿는 우리는 꼭 하나님의 유업(생명)을 이어 가야 합니다. 그러기 위해 우리는 하나님의 비밀인 '신'에 대하여 바로 알아야 합니다.

세례 요한은 본문 마태복음 3장 11절에서 고백합니다. 물 세례만 받고서는 하나님의 영원히 썩지 않는 유업(신)을 이어 가지 못하니, 꼭 예수님께서 주시는 성령과 불로 세례를 받고 하나님의 영원한 유업을 이어 가야 한다는 것입니다.

그러면 신약에서는 '신'을 무엇에 비유하고 있습니까?

엡 6:15 "평안의 복음이 준비한 것으로 신을 신고"

구약에서는 족보를 이어 가는 유업에 비유했다면, 신약에서는 복음에 비유하고 있습니다. 그러면 왜 신약에서는 '신'을 복음에 비유했을까요?

롬 1:17 "복음에는 하나님의 의가 나타나서 믿음으로 믿음에 이르게 하나니 기록된바 오직 의인은 믿음으로 말미암아 살리라"

오직 복음에만 하나님의 '의'가 되시는 예수님이 나타나며, 예수님만이 부활 생명이 되시어 영원히 썩지 않고 더럽지 않으며 쇠하지 않는 하나님의 유업을 이어 갈 수 있기 때문입니다(참조: 벧전 1:3-4).

딤후 1:10 "이제는 우리 구주 그리스도 예수의 나타나심으로 말미암아 나타났으니 그는 사망을 폐하시고 복음으로써 생명과 썩지 아니할 것을 드러내신지라"

하나님께서는 영원히 썩지 않을 신을, 예수님을 증거하고 말씀을 선포하며 선교와 전도에 동참하는 성도들에게 신겨 주십니다.

출 3:5 "하나님이 이르시되 이리로 가까이 오지 말라 네가 선 곳은 거룩한 땅이니 네 발에서 신을 벗으라"

하나님께서는 모세에게 신을 벗으라고 하셨습니다. 자기의 의로 신고 다닌 신을 벗게 하시고, 영원히 썩지 않을 복음의 신발을 신겨 주셨습니다(참조: 참된 영적 지도자가 되기 위해서는 복음의 신을 신어야 함).

수 5:15 "여호와의 군대 대장이 여호수아에게 이르되 네 발에서 신을 벗으라 네가 선 곳은 거룩하니라"(참조: 영적 전쟁을 하기 위해서는 복음의 신발을 신어야 함)

복음의 신을 모세와 여호수아에게 신겨 주었음을 어떻게 증명할 수 있습니까? 하나님이 계시는 곳이 거룩한 땅이며, 말씀이 육신이 되어 우리 가운데 계시는 곳이 거룩한 땅입니다(요 1:14).

요 1:14 "말씀이 육신이 되어 우리 가운데 거하시매 우리가 그의 영광을 보니 아버지의 독생자의 영광이요 은혜와 진리가 충만하더라"

우리도 거룩하기 위해서는 복음의 신을 신어야 합니다. 그래야 모세와 같은 영적 지도자가 될 수 있으며, 영적 전쟁에서 여호수아처럼 승리할 수 있습니다.

딤전 4:5 "하나님의 말씀과 기도로 거룩하여짐이라"(거룩한 땅=생명의 말씀이 있는 땅, 그곳에 모세와 여호수아가 섰던 것임)

벧전 1:15-16 "[15]오직 너희를 부르신 거룩한 이처럼 너희도 모든 행실에 거룩한 자가 되라 [16]기록되었으되 내가 거룩하니 너희도 거룩할지어다 하셨느니라"

그러면 오늘날에는 하나님께서 어떠한 '본'으로 우리에게 영원히 썩지 않을 복음의 신발을 신겨 주실까요?

예수님을 만나기 전 우리의 발은 어떠했습니까?

잠 1:16 "대저 그 발은 악으로 달려가며 피를 흘리는 데 빠름이니라"

잠 6:18 "악한 계교를 꾀하는 마음과 빨리 악으로 달려가는 발과"

잠 5:5 "그의 발은 사지로 내려가며 그의 걸음은 스올로 나아가나니"
(참조: 롬 3:15-피 흘리는 데 빠른 발)

예수님께서는 오늘날에도 악으로 달려가고 피 흘리는 데 빠른 우리의 발을 씻어 주십니다.
왜 예수님은 십자가를 지시기 전에 제자들의 발을 씻어 주셨을까요?

요 13:3-7 "³저녁 먹는 중 예수는 아버지께서 모든 것을 자기 손에 맡기신 것과 또 자기가 하나님께로부터 오셨다가 하나님께로 돌아가실 것을 아시고 ⁴저녁 잡수시던 자리에서 일어나 겉옷을 벗고 수건을 가져다가 허리에 두르시고 ⁵이에 대야에 물을 떠서 제자들의 발을 씻으시고 그 두르신 수건으로 닦기를 시작하여 ⁶시몬 베드로에게 이르시니 베드로가 이르되 주여 주께서 내 발을 씻으시나이까 ⁷예수께서 대답하여 이르시되 내가 하는 것을 네가 지금은 알지 못하나 이후에는 알리라"

예수님께서는 제자들에게 '왜 내가 너희들의 발을 씻어 주는지 십자가를 지기 전에는 너희가 알지 못하지만, 십자가에서 죽고 부활하여 하늘나라로 올라가면 너희가 깨닫고 알 것이다'라고 말씀하십니다.

요 13:12-17 "¹²그들의 발을 씻으신 후에 옷을 입으시고 다시 앉아 그들에게 이르시되 내가 너희에게 행한 것을 너희가 아느냐 ¹³너희가 나를 선생이라 또는 주라 하니 너희 말이 옳도다 내가 그러하다 ¹⁴내가 주와 또는 선생이 되어 너희 발을 씻었으니 너희도 서로 발을 씻어 주는 것이 옳으니라 ¹⁵내가 너희에게 행한 것같이 너희도 행하게 하려 하여 본을 보였노라 ¹⁶내가 진실로 진실로 너희에게 이르노니 종이 주인보다 크지 못하고 보냄을 받은 자가 보낸 자보다 크지 못하나니 ¹⁷너희가 이것을 알고 행하면 복이 있으리라"

예수님께서는 자신이 왜 발을 씻어 주는지 깨닫고 행하는 자는 복 있는 자라고 말씀하고 있습니다. 예수님은 왜 물과 수건으로 제자들의 발을 씻으셨습니까? 그 답으로 예수님께서는 물과 성령으로 거듭나지 않으면 하나님의 나라에 들어갈 수 없다고 말씀하셨습니다.

요 3:5 "예수께서 대답하시되 진실로 진실로 네게 이르노니 사람이 물과 성령으로 나지 아니하면 하나님의 나라에 들어갈 수 없느니라"

그러면 물은 성경에서 무엇을 의미할까요?

벧전 3:21 "물은 예수 그리스도께서 부활하심으로 말미암아 이제 너희를 구원하는 표니 곧 세례라 이는 육체의 더러운 것을 제하여 버림이 아니요 하나님을 향한 선한 양심의 간구니라"(물=우리를 구원하는 '표')

엡 5:26-27 "²⁶이는 곧 물로 씻어 말씀으로 깨끗하게 하사 거룩하게 하시고 ²⁷자기 앞에 영광스러운 교회로 세우사 티나 주름 잡힌 것이나 이런 것들이 없이 거룩하고 흠이 없게 하려 하심이라"(물=말씀-요 19:34, 피와 물=생명수=천국 복음=생명의 말씀)

예수님께서는 물 즉 생명의 말씀으로 죄인인 우리의 발을 씻어 주시고, 영원히 썩지 않고 더럽지 않고 쇠하지 않는 복음의 신을 신겨 주셨다는 것을 믿으시기 바랍니다.

벧전 1:23 "너희가 거듭난 것은 썩어질 씨로 된 것이 아니요 썩지 아니할 씨로 된 것이니 살아 있고 항상 있는 하나님의 말씀으로 되었느니라"

고후 3:14-15 "¹⁴그러나 그들의 마음이 완고하여 오늘까지도 구약을 읽을 때에 그 수건이 벗겨지지 아니하고 있으니 그 수건은 그리스도 안에서 없어질 것이라 ¹⁵오늘까지 모세의 글을 읽을 때에 수건이 그 마음을 덮었도다"(참조: 모세의 글, 모세오경=구약, 수건=율법)

요 11:43-44 "⁴³이 말씀을 하시고 큰 소리로 나사로야 나오라 부르시니 ⁴⁴죽은 자가 수족을 베로 동인 채로 나오는데 그 얼굴은 수건에 싸였더라 예수께서 이르시되 풀어놓아 다니게 하라 하시니라"(참조: 요 11:1-4)

나사로는 예수님의 말씀을 믿지 못하였습니다. '이 병은 죽지 않을 병이다'라고 예수님께서 말씀하셨는데, 나사로는 믿지 못하고 걱정과 근심에 생각이 매였습니다. 그래서 율법 가운데 '수건'을 쓰고 죽었습니다. 율법은 죽이는 것입니다.

예수님께서는 죄짓기에 빠른 우리의 발을 물(생명의 말씀)로 씻으시고 수건으로 다시 씻기를 시작하였습니다. 율법은 행동(행위)을 이루는 것입니다.

예수님께서는 먼저 복음으로 씻어 주시고 나서 율법으로 덧신겨 주셨다는 의미입니다(참조: 율법은 행위로 이루어 가는 것임).

사 61:10 "내가 여호와로 말미암아 크게 기뻐하며 내 영혼이 나의 하나님으로 말미암아 즐거워하리니 이는 그가 구원의 옷을 내게 입히시며 공의의 겉옷을 내게 더하심이 신랑이 사모를 쓰며 신부가 자기 보석으로 단장함 같게 하셨음이라"

하나님께서는 예수님을 통하여 직접 우리의 발에 영원히 썩지 않을 복음과 율법(행위)의 신을 신겨 주셨습니다.

왜 예수님께서는 십자가를 지시기 전에 제자들의 발을 씻어 주셨을까요? '내가 십자가에서 죽고 3일 만에 부활하여 하늘나라로 가니, 이젠 너희들이 나 대신 천국 복음을 땅끝까지 전해라'라는 의미로 영원히 썩지 않고 더럽지 않고 쇠하지 않는 복음의 신을 신겨 주었던 것입니다.

하나님은 우리가 이러한 깨끗하고 거룩한 발로 세상에 나아가 좋은 소식 천국 복음을 전하길 원하십니다. 이러한 발을 좋은 소식을 전하는 아름다운 발이라고 합니다.

롬 10:13-15 "[13]누구든지 주의 이름을 부르는 자는 구원을 받으리라 [14]그런즉 그들이 믿지 아니하는 이를 어찌 부르리요 듣지도 못한 이를 어찌 믿으리요 전파하는 자가 없이 어찌 들으리요 ¹⁵보내심을 받지 아니하였으면 어찌 전파하리요 기록된바 아름답도다 좋은 소식을 전하는 자들의 발이여 함과 같으니라"

평화를 공포하며 복된 소식을 가져오고 구원을 선포하며 하나님의 나라 천국 복음을 전하는 자들의 발이 아름다운 발입니다.

사 52:7 "좋은 소식을 전하며 평화를 공포하며 복된 좋은 소식을 가져오며 구원을 공포하며 시온을 향하여 이르기를 네 하나님이 통치하신다 하는 자의 산을 넘는 발이 어찌 그리 아름다운가"

죄인인 우리는 좋은 소식을 전하는 아름다운 발에 향유를 담은 옥합을 깨뜨려야 합니다.

눅 7:37-38 "³⁷그 동네에 죄를 지은 한 여자가 있어 예수께서 바리새인[종교인]의 집에 앉아 계심을 알고 향유 담은 옥합을 가지고 와서 ³⁸예수의 뒤로 그 발 곁에 서서 울며 눈물로 그 발을 적시고 자기 머리털로 닦고 그 발에 입맞추고 향유를 부으니"

예수님을 영접하고 믿는 우리는 좋은 소식을 전하는 아름다운 발에 순전한 기름을 부어야 합니다.

요 12:3 "마리아는 지극히 비싼 향유 곧 순전한 나드 한 근을 가져다가 예수의 발에 붓고 자기 머리털로 그의 발을 닦으니"

예수님을 영접하고 믿는 성도라면 이러한 향유 냄새가 발뿐 아니라 각 사람의 가정과 가는 곳마다 풍겨야 합니다(참조: 엡 1:22, 만물이 그 발 아래 복종함).

고후 2:14-16 "14항상 우리를 그리스도 안에서 이기게 하시고 우리로 말미암아 각처에서 그리스도를 아는 냄새를 나타내시는 하나님께 감사하노라 15우리는 구원받는 자들에게나 망하는 자들에게나 하나님 앞에서 그리스도의 향기니 16이 사람에게는 사망으로부터 사망에 이르는 냄새요 저 사람에게는 생명으로부터 생명에 이르는 냄새라 누가 이 일을 감당하리요"

예수님을 영접하고 하나님의 자녀가 된 우리 모두의 발이 복음의 신을 신고 땅끝까지 복음을 전하는 아름답고 복된 발이 되길 축원합니다.

듣고 믿는 믿음과 보고 믿는 믿음

요일 1:1-3 "태초부터 있는 생명의 말씀에 관하여는 우리가 들은 바요 눈으로 본 바요 자세히 보고 우리의 손으로 만진 바라 이 생명이 나타내신 바 된지라 이 영원한 생명을 우리가 보았고 증언하여 너희에게 전하노니 이는 아버지와 함께 계시다가 우리에게 나타내신 바 된 이시니라 우리가 보고 들은 바를 너희에게도 전함은 너희로 우리와 사귐이 있게 하려 함이니 우리의 사귐은 아버지와 그의 아들 예수 그리스도와 더불어 누림이라"

히 11:1 "믿음은 바라는 것들의 실상이요 보이지 않는 것들의 증거니"

예수님을 영접하고 하나님을 믿는 성도라면 '관념적인 믿음'에서 떠나 '실상의 믿음'을 가져야 합니다.

롬 10:17-18 "¹⁷그러므로 믿음은 들음에서 나며 들음은 그리스도의 말씀으로 말미암았느니라 ¹⁸그러나 내가 말하노니 그들이 듣지 아니하였느냐 그렇지 아니하니 그 소리가 온 땅에 퍼졌고 그 말씀이 땅끝까지 이르렀도다 하였느니라"

하나님의 말씀은 영이요 생명인데도, 많은 사람이 예배당에 와서 하나님의 말씀을 듣기는 들어도 순종하지 않고 한 귀로 듣고 다른 한 귀로 흘려보내 버립니다. 이러한 자들을 성경에서는 혈루증에 걸린 자라 합니다(피를 다 흘려 버리기 때문에, 피=레 17:11 육체의 생명은 피에…).

마 9:20-22 "[20]열두 해 동안이나 혈루증으로 앓는 여자가 예수의 뒤로 와서 그 겉옷 가를 만지니 [21]이는 제 마음에 그 겉옷만 만져도 구원을 받겠다 함이라 [22]예수께서 돌이켜 그를 보시며 이르시되 딸아 안심하라 네 믿음이 너를 구원하였다 하시니 여자가 그 즉시 구원을 받으니라"

이 여자는 예수님을 만나 겉옷을 만짐으로 구원을 얻었으며, 예수님께서는 이 여자를 '딸'이라고 불렀습니다. 딸은 피가 같아야 하고, DNA가 같아야 합니다.
예수님의 겉옷에 비밀이 있습니다.

계 19:13 "또 그가 피 뿌린 옷을 입었는데 그 이름은 하나님의 말씀이라 칭하더라"

이 여자는 예수님을 만나고 겉옷을 만짐으로 피와 생명의 말씀이 흘러들어가 구원을 받았습니다(참조: 피가 흘러들어가 예수님께서 딸이라 부르셨음).
사람은 마음으로 믿고 입으로 시인하여 구원을 얻는 것입니다.

롬 10:10 "사람이 마음으로 믿어 의에 이르고 입으로 시인하여 구원에 이르느니라"

예수님을 영접하고 하나님을 믿는 성도라면 마음의 눈이 열려야 합니다. 그럴 때 하나님의 경륜과 섭리를 깨달아 하나님의 부르심의 소망과 기업의 영광의 풍성함을 알고, 예수님의 제자로서 증인의 삶을 살아가면서 전도하여 하늘의 별같이 빛나는 빛의 자녀들이 되는 것입니다.

엡 1:18-19 "[18]너희 마음의 눈을 밝히사 그의 부르심의 소망이 무엇이며 성도 안에서 그 기업의 영광의 풍성함이 무엇이며 [19]그의 힘의 위력으로 역사하심을 따라 믿는 우리에게 베푸신 능력의 지극히 크심이 어떠한 것을 너희로 알게 하시기를 구하노라"

예수님을 영접하고 하나님의 말씀을 듣는 자들은 그 말씀이 천국 복음, 생명의 말씀인가 늘 상고하며 묵상해야 합니다.

행 17:11 "베뢰아에 있는 사람들은 데살로니가에 있는 사람들보다 더 너그러워서 간절한 마음으로 말씀을 받고 이것이 그러한가 하여 날마다 성경을 상고하므로"(상고=자세히 참고함, 자세히 검토함, 참조: 레 11:3 "모든 짐승 중 굽이 갈라져 쪽발이 되고 새김질하는 것은 너희가 먹되")

1. 듣고 믿는 믿음=조상으로부터 내려오는 유전과 사람의 계명을 듣고 믿는 믿음

사 29:13 "주께서 이르시되 이 백성이 입으로는 나를 가까이하며 입술

로는 나를 공경하나 그들의 마음은 내게서 멀리 떠났나니 그들이 나를 경외함은 사람의 계명으로 가르침을 받았을 뿐이라"

사마리아 여인의 이야기를 보겠습니다.

요 4:12 "우리 조상 야곱이 이 우물을 우리에게 주셨고 또 여기서 자기와 자기 아들들과 짐승이 다 마셨는데 당신이 야곱보다 더 크니이까"
(참조: 우리 교회, 우리 목사, 우리 교단, 우리는 이렇게 배웠음)

요 4:20 "우리 조상들은 이 산에서 예배하였는데 당신들의 말은 예배할 곳이 예루살렘에 있다 하더이다"

사마리아 여인은 조상으로부터 내려오는 유전과 풍속을 따라 제사(예배)를 드렸습니다. 이러한 제사(예배)는 하나님께서 받지 않으십니다. 자기의 의로 드린 제사(예배)이기 때문입니다.

창 4:3-5 "³세월이 지난 후에 가인은 땅의 소산으로 제물을 삼아 여호와께 드렸고 ⁴아벨은 자기도 양의 첫 새끼와 그 기름으로 드렸더니 여호와께서 아벨과 그의 제물은 받으셨으나 ⁵가인과 그의 제물은 받지 아니하신지라 가인이 몹시 분하여 안색이 변하니"(분=악=죄, 참조: 땅의 소산=생명이 없음, 출 12:16, 식물=양)

땅의 소산과 자기의 의로 드리는 제사(예배)는 하나님께서 받지 않으십니다. 이런 자들은 시기와 질투로 결국 형제를 죽이는 범죄를 저지르는 살인자가 되기도 합니다.

2. 보고 믿는 믿음=영적으로 예수님을 만나고 믿는 믿음

요 4:6-7 "⁶거기 또 야곱의 우물이 있더라 예수께서 길 가시다가 피곤하여 우물 곁에 그대로 앉으시니 때가 여섯 시쯤 되었더라 ⁷사마리아 여자 한 사람이 물을 길으러 왔으매 예수께서 물을 좀 달라 하시니"
(참조: 시 29:3 여호와의 소리가 물 위에 있도다)

예수님은 우물가에서 여섯 시쯤에 사마리아 여인을 만났습니다. 성경에서 '6'은 피조물을 의미합니다. 영적으로 구원받지 못한 피조물을 가리킵니다.
이렇게 구원받지 못한 자들은 예수님을 만났을 때 많은 대화를 나누어야 하며, 궁금한 것이 있으면 여쭤 봐야 합니다. 그래야 구원을 받을 수 있기 때문입니다.

요 4:9-11 "⁹사마리아 여자가 이르되 당신은 유대인으로서 어찌하여 사마리아 여자인 나에게 물을 달라 하나이까 하니 이는 유대인이 사마리아인과 상종하지 아니함이러라 ¹⁰예수께서 대답하여 이르시되 네가 만일 하나님의 선물과 또 네게 물 좀 달라 하는 이가 누구인 줄 알았더라면 네가 그에게 구하였을 것이요 그가 생수를 네게 주었으리라 ¹¹여자가 이르되 주여 물 길을 그릇도 없고 이 우물은 깊은데 어디서 당신이 그 생수를 얻겠사옵나이까"(참조: 렘 17:13, 생수의 근원 예수님을 영접하고 하나님을 믿는 성도라면 물맛을 알아야 함)

그래서 전도할 때도 무조건적인 전도보다 서로 간에 대화를 나누면서 예수님을 알아갈 수 있도록 전도를 해야 효력이 나타납니다.

요 4:21-24 "²¹예수께서 이르시되 여자여 내 말을 믿으라 이 산에서도 말고 예루살렘에서도 말고 너희가 아버지께 예배할 때가 이르리라 ²²너희는 알지 못하는 것을 예배하고 우리는 아는 것을 예배하노니 이는 구원이 유대인에게서 남이라 ²³아버지께 참되게 예배하는 자들은 영과 진리로 예배할 때가 오나니 곧 이때라 아버지께서는 자기에게 이렇게 예배하는 자들을 찾으시느니라 ²⁴하나님은 영이시니 예배하는 자가 영과 진리로 예배할지니라"(참조: 신령: 순수한 영적인 상태, 진정: 하나님의 진리에 일치하는 예배)

이 여자는 예수님과 대화하는 가운데서 예수님이 메시아이심을 알게 됨으로 그의 안에서 영원히 목마르지 않는 생수가 솟아났습니다. 이에 그동안 힘들게 머리에 이고 다녔던 물동이를 버리고 동네에 가서 사람들에게 예수님을 전할 수 있었던 것입니다.

요 4:28-29 "²⁸여자가 물동이를 버려두고 동네로 들어가서 사람들에게 이르되 ²⁹내가 행한 모든 일을 내게 말한 사람을 와서 보라 이는 그리스도가 아니냐 하니"

요 4:39-42 "³⁹여자의 말이 내가 행한 모든 것을 그가 내게 말하였다 증언하므로 그 동네 중에 많은 사마리아인이 예수를 믿는지라 ⁴⁰사마리아인들이 예수께 와서 자기들과 함께 유하시기를 청하니 거기서 이틀을 유하시매 ⁴¹예수의 말씀으로 말미암아 믿는 자가 더욱 많아 ⁴²그 여자에게 말하되 이제 우리가 믿는 것은 네 말로 인함이 아니니 이는 우리가 친히 듣고 그가 참으로 세상의 구주신 줄 앎이라 하였더라"

예수님을 영접한 우리는 이처럼 영적으로 예수님을 친히 만나야 실상의 믿음을 갖고 증인의 삶을 살아갈 수 있습니다. 이러한 그리스도인들이 강도 만난 자를 치유하며 도움을 줄 수 있습니다. 예수님을 만난 자들만이 세상에 나아가 복음을 전할 수 있습니다.

눅 10:30-36 "³⁰예수께서 대답하여 이르시되 어떤 사람이 예루살렘에서 여리고로 내려가다가 강도를 만나매 강도들이 그 옷을 벗기고 때려 거의 죽은 것을 버리고 갔더라 ³¹마침 한 제사장이 그 길로 내려가다가 그를 보고 피하여 지나가고 ³²또 이와 같이 한 레위인도 그곳에 이르러 그를 보고 피하여 지나가되 ³³어떤 사마리아 사람은 여행하는 중 거기 이르러 그를 보고 불쌍히 여겨 ³⁴가까이 가서 기름과 포도주를 그 상처에 붓고 싸매고 자기 짐승에 태워 주막으로 데리고 가서 돌보아 주니라 ³⁵그 이튿날 그가 주막 주인에게 데나리온 둘을 내어 주며 이르되 이 사람을 돌보아 주라 비용이 더 들면 내가 돌아올 때에 갚으리라 하였으니 ³⁶네 생각에는 이 세 사람 중에 누가 강도 만난 자의 이웃이 되겠느냐"(참조: 제사장=(현) 목사, 레위인=(현) 전도사, 부목사, 삯꾼=요 10:12-13; 막 1:19-20 셋을 버려야 함, 아비=요 8:44, 삯꾼=요 10:12-13, 배=교회, 구원의 방주. 예수님이 부를 때는 이것을 버리고 예수님을 따라가야 함)

왜 사마리아인만 강도 만난 자를 치료하고 도왔을까요? 사마리아인만이 직접 예수님을 만나서 부활 생명으로 거듭난 자이며, 사마리아인만이 그리스도 예수의 마음을 지니고 있었기 때문입니다.

빌 2:5 "너희 안에 이 마음을 품으라 곧 그리스도 예수의 마음이니"

사마리아인만이 하늘에서 내려 준 성품을 갖고 있었습니다.

약 3:17 "오직 위로부터 난 지혜는 첫째 성결하고 다음에 화평하고 관용하고 양순하며 긍휼과 선한 열매가 가득하고 편견과 거짓이 없나니"

오직 예수님을 만난 사마리아인만 강도 만난 자를 치료하고 도울 수 있었습니다. 그에게는 '기름'(성령의 기름)과 '포도주'(피=생명)와 '두 데나리온'(은 동전=생명의 말씀, 시 12:6)이 있었습니다.
예수님을 영적으로 만나고 믿는 실상의 믿음을 갖고 예수님의 재림의 길을 예비하는 하나님의 자녀들이 다 되시길 축원합니다.

고전 13:12 "우리가 지금은 거울로 보는 것같이 희미하나 그때에는 얼굴과 얼굴을 대하여 볼 것이요 지금은 내가 부분적으로 아나 그때에는 주께서 나를 아신 것같이 내가 온전히 알리라"

율법적인 믿음과 복음적인 믿음

갈 2:16 "사람이 의롭게 되는 것은 율법의 행위로 말미암음이 아니요 오직 예수 그리스도를 믿음으로 말미암는 줄 알므로 우리도 그리스도 예수를 믿나니 이는 우리가 율법의 행위로서가 아니고 그리스도를 믿음으로써 의롭다 함을 얻으려 함이라 율법의 행위로서는 의롭다 함을 얻을 육체가 없느니라"

예수님을 영접하고 하나님을 믿는 성도라면, 지금 내가 하나님을 율법적으로 믿고 있나 아니면 복음적으로 믿고 있나 점검하고, 하나님을 바로 알고 믿는 하나님의 자녀가 되어야 합니다.

예수님께서는 '주여, 주여' 하는 자마다 천국에 다 들어가는 것이 아니라, 하늘에 계신 아버지의 뜻대로 행하는 자라야 천국에 들어갈 수 있다고 말씀하셨습니다(참조: 마 12:50, 내 형제요 자매요 어머니이니라).

마 7:21-23 "[21]나더러 주여 주여 하는 자마다 다 천국에 들어갈 것이 아니요 다만 하늘에 계신 내 아버지의 뜻대로 행하는 자라야 들어가리라 [22]그날에 많은 사람이 나더러 이르되 주여 주여 우리가 주의 이름으로 선지자 노릇 하며 주의 이름으로 귀신을 쫓아내며 주의 이름으로 많은 권능을 행하지 아니하였나이까 하리니 ²³그때에 내가 그들에게 밝히 말하되 내가 너희를 도무지 알지 못하니 불법을 행하는 자들아 내게서 떠나가라 하리라"

1. 율법적인 믿음

자기 스스로 하나님의 율례와 규례를 지켜 의로움을 얻고자 하는 자들의 믿음이 율법적인 믿음입니다(참조: 아브람, 창 15:6 "아브람이 여호와를 믿으니 여호와께서 이를 그의 의로 여기시고").
이것은 나의 의로 하나님을 믿는 믿음을 말하며, 이런 자들은 사람이 믿음의 주체가 되며, 사람의 노력으로 하나님께 제사(예배)를 드리는 자들입니다(예: 가인의 제사).

창 4:3-5 "³세월이 지난 후에 가인은 땅의 소산으로 제물을 삼아 여호와께 드렸고 ⁴아벨은 자기도 양의 첫 새끼와 그 기름으로 드렸더니 여호와께서 아벨과 그의 제물은 받으셨으나 ⁵가인과 그의 제물은 받지 아니하신지라 가인이 몹시 분하여 안색이 변하니"(참조: 땅의 소산에는 생명이 없음)

하나님께서는 나의 의로 드리는 제사(예배)와 생명이 없는 땅의 소산으로 드리는 제사(예배)는 열납하지 않습니다.

1) 율법을 주신 목적
하나님께서는 이스라엘 백성에게 죄를 깨닫게 하기 위해서 율법을 주셨습니다.

롬 3:20 "그러므로 율법의 행위로 그의 앞에 의롭다 하심을 얻을 육체가 없나니 율법으로는 죄를 깨달음이니라"

오직 율법은 우리에게 초등교사가 되어 우리를 그리스도 예수께로 인도할 뿐입니다.

갈 3:24 "이같이 율법이 우리를 그리스도께로 인도하는 초등교사가 되어 우리로 하여금 믿음으로 말미암아 의롭다 함을 얻게 하려 함이라"

2) 율법적인 믿음

욥 1:4-5 "⁴그의 아들들이 자기 생일에 각각 자기의 집에서 잔치를 베풀고 그의 누이 세 명도 청하여 함께 먹고 마시더라 ⁵그들이 차례대로 잔치를 끝내면 욥이 그들을 불러다가 성결하게 하되 아침에 일어나서 그들의 명수대로 번제를 드렸으니 이는 욥이 말하기를 혹시 내 아들들이 죄를 범하여 마음으로 하나님을 욕되게 하였을까 함이라 욥의 행위가 항상 이러하였더라"

욥은 하나님에 대하여 항상 불안해했습니다.

3) 율법적인 믿음의 결과

욥 2:7-9 "⁷사탄이 이에 여호와 앞에서 물러가서 욥을 쳐서 그의 발바닥에서 정수리까지 종기가 나게 한지라 ⁸욥이 재 가운데 앉아서 질그릇 조각을 가져다가 몸을 긁고 있더니 ⁹그의 아내가 그에게 이르되 당신이 그래도 자기의 온전함을 굳게 지키느냐 하나님을 욕하고 죽으라"
(불에 집이 다 타서 재가 되니 그때부터 아내의 구박이 시작됨, 참조: 악창
은 고치기 힘든 부스럼, 흉한 피부의 종기를 의미, 마 7:24-27; 창 47:9-나그
넷길; 벧전 1:16-17)

율법적인 믿음은, 눈에 보이는 부가 사라지면 그동안 의지하고 믿
었던 하나님을 원망하기 시작합니다(돈을 사랑하며 두 마음을 갖고 믿는
믿음).

욥 1:13-19 "¹³하루는 욥의 자녀들이 그 맏아들의 집에서 음식을 먹으
며 포도주를 마실 때에 ¹⁴사환이 욥에게 와서 아뢰되 소는 밭을 갈고
나귀는 그 곁에서 풀을 먹는데 ¹⁵스바 사람이 갑자기 이르러 그것들을
빼앗고 칼로 종들을 죽였나이다 나만 홀로 피하였으므로 주인께 아뢰
러 왔나이다 ¹⁶그가 아직 말하는 동안에 또 한 사람이 와서 아뢰되 하
나님의 불이 하늘에서 떨어져서 양과 종들을 살라 버렸나이다 나만
홀로 피하였으므로 주인께 아뢰러 왔나이다 ¹⁷그가 아직 말하는 동안
에 또 한 사람이 와서 아뢰되 갈대아 사람이 세 무리를 지어 갑자기
낙타에게 달려들어 그것을 빼앗으며 칼로 종들을 죽였나이다 나만 홀
로 피하였으므로 주인께 아뢰러 왔나이다 ¹⁸그가 아직 말하는 동안에
또 한 사람이 와서 아뢰되 주인의 자녀들이 그들의 맏형의 집에서 음
식을 먹으며 포도주를 마시는데 ¹⁹거친 들에서 큰 바람이 와서 집 네
모퉁이를 치매 그 청년들 위에 무너지므로 그들이 죽었나이다 나만
홀로 피하였으므로 주인께 아뢰러 왔나이다 한지라"

욥의 종들을 보면, 주인과 똑같이 마귀(사탄)의 공격에 대항하지

못하고 죽은 자도 있고 피하여 도망쳐 오는 자들뿐입니다.

아브람의 종들은 다른 모습을 보여 줍니다.

창 14:14-16 "[14]아브람이 그의 조카가 사로잡혔음을 듣고 집에서 길리고 훈련된 자 삼백십팔 명을 거느리고 단까지 쫓아가서 [15]그와 그의 가신들이 나뉘어 밤에 그들을 쳐부수고 다메섹 왼편 호바까지 쫓아가 [16]모든 빼앗겼던 재물과 자기의 조카 롯과 그의 재물과 또 부녀와 친척을 다 찾아왔더라"(참조: 신 30:6-할례=생명)

4) 율법적인 믿음의 결과에 따른 탄식

욥 13:28 "나는 썩은 물건의 낡아짐 같으며 좀먹은 의복 같으니이다"
(좀먹은 의복=벌레가 옷을 다 구멍나게 한 것, 참조: 욥=나병 환자)

욥은 하나님의 아들인 예수님을 알지 못하고 하나님에 대한 율법적인 믿음으로 인하여 모든 것을 잃은 것입니다.

욥 14:21 "그의 아들들이 존귀하게 되어도 그가 알지 못하며 그들이 비천하게 되어도 그가 깨닫지 못하나이다"(요 1:5; 골 1:6)

요일 5:12 "아들이 있는 자에게는 생명이 있고 하나님의 아들이 없는 자에게는 생명이 없느니라"

2. 복음적인 믿음(예: 아브람-창 15:6 "아브람이 여호와를 믿으니 여호와께서 이를 그의 의로 여기시고")

복음은 하나님께서 주신 기쁜 소식을 말하며, 생명을 살리는 것입니다. 복음에만 하나님의 의가 되시는 예수님이 함께하십니다.

롬 1:17 "복음에는 하나님의 의가 나타나서 믿음으로 믿음에 이르게 하나니 기록된바 오직 의인은 믿음으로 말미암아 살리라 함과 같으니라"

하나님께서는 기쁜 소식, 천국 복음을 듣고 예수님을 영접하는 자들에게만 하나님의 자녀가 되는 권세를 주셨습니다.

요 1:12-13 "[12]영접하는 자 곧 그 이름을 믿는 자들에게는 하나님의 자녀가 되는 권세를 주셨으니 [13]이는 혈통으로나 육정으로나 사람의 뜻으로 나지 아니하고 오직 하나님께로부터 난 자들이니라"

복음을 통하여 하나님의 자녀가 되면 하나님께서 함께하시며 능력으로 역사하십니다.

롬 1:16 "내가 복음을 부끄러워하지 아니하노니 이 복음은 모든 믿는 자에게 구원을 주시는 하나님의 능력이 됨이라 먼저는 유대인에게요 그리고 헬라인에게로다"

천국 복음에만 생명의 말씀이 살아서 역사하시며, 그것을 통하여 우리의 모든 육체의 질병과 죄를 다 소멸해 주십니다.

히 4:12-13 "[12]하나님의 말씀은 살아 있고 활력이 있어 좌우에 날 선 어떤 검보다도 예리하여 혼과 영과 및 관절과 골수를 찔러 쪼개기까지

하며 또 마음의 생각과 뜻을 판단하나니 ¹³지으신 것이 하나도 그 앞에 나타나지 않음이 없고 우리의 결산을 받으실 이의 눈앞에 만물이 벌거벗은 것같이 드러나느니라"

히 12:29 "우리 하나님은 소멸하는 불이심이라"

하나님께서는 성령의 불로 우리의 모든 질병과 죄를 다 소멸하여 주신다는 것을 믿으시기 바랍니다. 천국 복음이 내 안에서 살아서 역사하실 때 우리는 하나님의 율례와 규례를 따르며 이루어 갈 수 있습니다. 이러한 자들을 복음적인 믿음을 가진 자라고 말합니다.

겔 36:26-28 "²⁶또 새 영을 너희 속에 두고 새 마음을 너희에게 주되 너희 육신에서 굳은 마음을 제거하고 부드러운 마음을 줄 것이며 ²⁷또 내 영을 너희 속에 두어 너희로 내 율례를 행하게 하리니 너희가 내 규례를 지켜 행할지라 ²⁸내가 너희 조상들에게 준 땅에서 너희가 거주하면서 내 백성이 되고 나는 너희 하나님이 되리라"(참조: 내 신=내 기업, 내 생명, 임마누엘 신앙 마 1:23 하나님이 함께하심)

예수님을 영접하고 천국 복음을 믿은 결과가 무엇입니까?

욥 42:5 "내가 주께 대하여 귀로 듣기만 하였사오나 이제는 눈으로 주를 뵈옵나이다"

조상으로부터 내려오는 율법적인 말씀을 귀로만 듣고 행위로 하나님을 믿던 욥이 예수님을 영적으로 만나고 나서는 회개하고, 노년에 하나님의 복을 받아 아들 일곱과 딸 셋을 낳았으며, 재산은 두 배로 불어났습니다(참조: 조상으로부터 오는 유업).

욥 42:6 "그러므로 내가 스스로 거두어들이고 티끌과 재 가운데에서 회개하나이다"

욥 42:12-15 "^{12}여호와께서 욥의 말년에 욥에게 처음보다 더 복을 주시니 그가 양 만 사천과 낙타 육천과 소 천 겨리와 암나귀 천을 두었고 ^{13}또 아들 일곱과 딸 셋을 두었으며 ^{14}그가 첫째 딸은 여미마라 이름하였고 둘째 딸은 굿시아라 이름하였고 셋째 딸은 게렌합북이라 이름하였으니 ^{15}모든 땅에서 욥의 딸들처럼 아리따운 여자가 없었더라 그들의 아버지가 그들에게 그들의 오라비들처럼 기업을 주었더라"(참조: 아들, 딸은 피가 같으며 DNA가 같음, 게렌합북=화장품, 용기)

하나님이 부르시는 그날까지 하나님의 아들을 믿는 것과 아는 일에 하나가 되어 온전한 사람을 이루어, 하늘의 복과 땅의 기름진 복을 받고 그리스도 안에서 승리하는 하나님의 자녀들이 다 되시길 축원합니다.

구원의 옷과 의의 옷을 입자

사 61:10 "내가 여호와로 말미암아 크게 기뻐하며 내 영혼이 나의 하나님으로 말미암아 즐거워하리니 이는 그가 구원의 옷을 내게 입히시며 공의의 겉옷을 내게 더하심이 신랑이 사모를 쓰며 신부가 자기 보석으로 단장함 같게 하셨음이라"

예수님을 영접하고 하나님을 믿는 성도라면, 그리스도 예수님의 신부로서 구원의 옷과 의의 겉옷 세마포를 입어야 신랑 되신 예수님의 재림을 기다리면서 혼인 잔치가 예비된 신부의 삶을 이 땅에서도 살아갈 수 있습니다.

그리스도 예수님의 신부라는 사람이 구원의 옷, 속옷 하나만 달랑 입고 신랑 되신 예수님을 기다리고 있다면, 또는 의의 겉옷 세마포는 입었는데 구원의 옷인 속옷은 입지 않고 겉모습만 아름답게 꾸미고 있다면, 하나님께서는 그를 회칠한 무덤 같은 자라 칭할 것입니다.

마 23:27-28 "²⁷화 있을진저 외식하는 서기관들과 바리새인들이여 회칠한 무덤 같으니 겉으로는 아름답게 보이나 그 안에는 죽은 사람의 뼈와 모든 더러운 것이 가득하도다 ²⁸이와 같이 너희도 겉으로는 사람에

게 옳게 보이되 안으로는 외식과 불법이 가득하도다"(참조: 겔 37:1-3)

하나님께서는 예수님을 영접한 성도라면 속옷인 구원의 옷과 의의 겉옷 세마포를 입어 속과 겉이 다 깨끗하고 아름다운 그리스도 예수님의 신부로서 예비된 삶을 이 땅에서도 살아가길 원하십니다.

또 의의 신부(군병)들이 되도록 예수님께서 십자가에서 입으시고 피 흘려 주신 옷을 취하기를 원하십니다.

요 19:23-24 "²³군인들이 예수를 십자가에 못 박고 그의 옷을 취하여 네 깃에 나눠 각각 한 깃씩 얻고 속옷도 취하니 이 속옷은 호지 아니하고 위에서부터 통으로 짠 것이라 ²⁴군인들이 서로 말하되 이것을 찢지 말고 누가 얻나 제비 뽑자 하니 이는 성경에 그들이 내 옷을 나누고 내 옷을 제비 뽑나이다 한 것을 응하게 하려 함이러라 군인들은 이런 일을 하고"(참조: 창 15:10)

군병들은 이런 일을 통해 꼭 속옷과 겉옷을 취해야 할 것입니다. 왜 군병들이 속옷과 겉옷을 취하려 하였을까요? 하나님의 말씀은 영이요 생명이며, 살리는 것은 영이므로(요 6:6). 성령을 통하여(고전 2:10) 하나님의 비밀을 깨달아야 합니다. 깨달아야 복음의 열매를 맺기 때문입니다.

요 1:5 "빛이 어둠에 비치되 어둠이 깨닫지 못하더라"

골 1:6 "이 복음이 이미 너희에게 이르매 너희가 듣고 참으로 하나님의 은혜를 깨달은 날부터 너희 중에서와 같이 또한 온 천하에서도 열매를 맺어 자라는도다"

군병들은 왜 예수님께서 피 흘리신 옷을 취하려 하였을까요?

계 19:13 "또 그가 피 뿌린 옷을 입었는데 그 이름은 하나님의 말씀이라 칭하더라"(하나님의 말씀=예수님=검, 엡 6:17)

그래서 의의 군병들은 예수님의 피 뿌린 옷, 곧 구원의 속옷과 의의 겉옷을 취하려 하였습니다. 그러므로 예수님을 영접하고(요 1:12-13) 하나님의 자녀가 된 성도라면 의의 겉옷을 덧입고자 노력하고 열심을 내야 할 것입니다.

고후 5:4 "참으로 이 장막에 있는 우리가 짐 진 것같이 탄식하는 것은 벗고자 함이 아니요 오히려 덧입고자 함이니 죽을 것이 생명에 삼킨 바 되게 하려 함이라"

우리는 하나님의 생명 안에 감추어질 때 마귀들의 공격에서 해방될 수 있습니다.

1. 어떻게 해야 구원의 속옷을 입을 수 있을까요?

구원의 속옷을 입으려면 제비에 뽑혀야 합니다(요 19:24). 구원은 오직 하나님의 주권에 맡기는 것이며, 오직 하나님의 은혜의 선물입니다.

엡 2:8 "너희는 그 은혜에 의하여 믿음으로 말미암아 구원을 받았으니 이것은 너희에게서 난 것이 아니요 하나님의 선물이라"(하나님의 선물= 예수님=구원)

구원의 속옷을 입은 자들에게서 하나님의 의가 되시는 예수님의 형상이 나타나기 시작합니다.

고전 15:47-49 "⁴⁷첫 사람은 땅에서 났으니 흙에 속한 자이거니와 둘째 사람은 하늘에서 나셨느니라 ⁴⁸무릇 흙에 속한 자들은 저 흙에 속한 자와 같고 무릇 하늘에 속한 자들은 저 하늘에 속한 이와 같으니 ⁴⁹우리가 흙에 속한 자의 형상을 입은 것같이 또한 하늘에 속한 이의 형상을 입으리라"

이렇게 하늘의 형상을 입은 자들이 그리스도 안에서 새로운 피조물로 거듭 태어난 자들입니다.

고후 5:17 "그런즉 누구든지 그리스도 안에 있으면 새로운 피조물이라 이전 것은 지나갔으니 보라 새것이 되었도다"(참조: 사 43:18-19)

1) 아기가 갓 태어나면 무엇을 찾을까요?
아기가 태어나면 젖을 먹어야 살 수 있습니다.

벧전 2:2 "갓난아기들같이 순전하고 신령한 젖을 사모하라 이는 그로 말미암아 너희로 구원에 이르도록 자라게 하려 함이라"

갓난아기는 잘 먹고 잘 배설해야 병에 걸리지 않고 잘 자라날 수 있습니다(참조: 거듭나고 나서 신령한 젖을 먹지 않는 자들이 많음).

2) 먹는 만큼 배설해야 합니다.

벧전 2:1 "그러므로 모든 악독과 모든 기만과 외식과 시기와 모든 비방하는 말을 버리고"

갓난아기가 잘 먹고 잘 배설해야 잘 자라나야 부모에게 기쁨이요 즐거움이 됩니다. 이러한 자들에게 하나님께서 지혜를 내려 주시고 은혜를 베풀어 주십니다.

3) 잘 먹고 잘 배설해야 잘 자라나 건강한 아이가 됩니다.

눅 2:40 "아기가 자라며 강하여지고 지혜가 충만하며 하나님의 은혜가 그의 위에 있더라"

4) 아이가 잘 자라고 튼튼하고 강해지기 위해서는 자주 물로 깨끗이 씻어야 합니다.

엡 5:26-27 "²⁶이는 곧 물로 씻어 말씀으로 깨끗하게 하사 거룩하게 하시고 ²⁷자기 앞에 영광스러운 교회로 세우사 티나 주름 잡힌 것이나 이런 것들이 없이 거룩하고 흠이 없게 하려 하심이라"

렘 17:9 "만물보다 거짓되고 심히 부패한 것은 마음이라 누가 능히 이

를 알리요마는"(참조: 벧전 3:21)

물로 마음을 깨끗이 씻어 냄으로 마음의 눈이 열리면서 하나님을 찾아 가까이 가며, 하나님께서 우리에게 베푸신 능력의 지극히 크심을 알아 가게 됩니다.

벧전 3:21 "물은 예수 그리스도의 부활하심으로 말미암아 이제 너희를 구원하는 표니 곧 세례라 이는 육체의 더러운 것을 제하여 버림이 아니요 하나님을 향한 선한 양심의 간구니라"

엡 1:18-19 "¹⁸너희 마음의 눈을 밝히사 그의 부르심의 소망이 무엇이며 성도 안에서 그 기업의 영광의 풍성함이 무엇이며 ¹⁹그의 힘의 위력으로 역사하심을 따라 믿는 우리에게 베푸신 능력의 지극히 크심이 어떠한 것을 너희로 알게 하시기를 구하노라"

5) 이렇게 마음의 눈이 열린 자들이 지각을 사용함으로 연단을 받아 선악을 분별하기 시작합니다.

히 5:13-14 "¹³이는 젖을 먹는 자마다 어린아이니 의의 말씀을 경험하지 못한 자요 ¹⁴단단한 음식은 장성한 자의 것이니 그들은 지각을 사용함으로 연단을 받아 선악을 분별하는 자들이니라"(참조: 분별과 정죄)

6) 이런 자들이 의의 군병들이 될 수 있으며 예수님의 예비된 신부가 될 수 있는 것입니다.

엡 4:13 "우리가 다 하나님의 아들을 믿는 것과 아는 일에 하나가 되어 온전한 사람을 이루어 그리스도의 장성한 분량이 충만한 데까지 이르리니"

7) 단단한 식물을 먹고 하나님의 아들을 믿는 것과 아는 일에 하나가 되어 그리스도의 장성한 분량에까지 자란 자들이 천부장이 될 수 있습니다.

삼상 17:17-18 "[17]이새가 그의 아들 다윗에게 이르되 지금 네 형들을 위하여 이 볶은 곡식 한 에바와 이 떡 열 덩이를 가지고 진영으로 속히 가서 네 형들에게 주고 [18]이 치즈 열 덩이를 가져다가 그들의 천부장에게 주고 네 형들의 안부를 살피고 증표를 가져오라"(참조: 단단한 식물=천부장)

2. 그러면 의의 겉옷은 어떻게 입을 수 있을까요?

1) 의의 겉옷을 입기 위해서는 내가 예수님과 함께 십자가에 못 박혀야 합니다.

갈 3:27 "누구든지 그리스도와 합하기 위하여 세례를 받은 자는 그리스도로 옷 입었느니라"

세례를 받는다는 것은 내가 물속에 들어감으로 죽는다는 것을 의미하며, 예수님의 부활을 본받아 부활 생명으로 예수님과 연합한 자가 됨을 상징합니다.

롬 6:5-6 "⁵만일 우리가 그의 죽으심과 같은 모양으로 연합한 자가 되었으면 또한 그의 부활과 같은 모양으로 연합한 자도 되리라 ⁶우리가 알거니와 우리의 옛사람이 예수와 함께 십자가에 못 박힌 것은 죄의 몸이 죽어 다시는 우리가 죄에게 종 노릇 하지 아니하려 함이니"

이때 내가 십자가에서 죽었다는 것은 나의 지체를 죽인다는 것입니다.

골 3:5 "그러므로 땅에 있는 지체를 죽이라 곧 음란과 부정과 사욕과 악한 정욕과 탐심이니 탐심은 우상 숭배니라"

그래서 많은 목사님들이 예수님과 함께 십자가에서 죽고 부활 생명으로 그리스도 안에서 살아가시길 권면하는 것입니다.

갈 2:20 "내가 그리스도와 함께 십자가에 못 박혔나니 그런즉 이제는 내가 사는 것이 아니요 오직 내 안에 그리스도께서 사시는 것이라 이제 내가 육체 가운데 사는 것은 나를 사랑하사 나를 위하여 자기 자신을 버리신 하나님의 아들을 믿는 믿음 안에서 사는 것이라"

이런 자들이 의의 겉옷을 입은 자들이며, 그리스도로 옷 입고 땅의 일을 생각지 아니하며 정욕을 위하여 육신의 일을 도모하지 않는 자들입니다.

롬 13:14 "오직 주 예수 그리스도로 옷 입고 정욕을 위하여 육신의 일을 도모하지 말라"

2) 의의 겉옷 세마포를 입기 위해서는 옛사람을 벗어야 합니다.

엡 4:22-24 "[22]너희는 유혹의 욕심을 따라 썩어져 가는 구습을 따르는 옛사람을 벗어 버리고 [23]오직 너희의 심령이 새롭게 되어 [24]하나님을 따라 의와 진리의 거룩함으로 지으심을 받은 새사람을 입으라"

3) 의의 겉옷 세마포는 선한 행실을 통하여 입을 수 있습니다.

계 19:7-8 "[7]우리가 즐거워하고 크게 기뻐하며 그에게 영광을 돌리세 어린양의 혼인 기약이 이르렀고 그의 아내가 자신을 준비하였으므로 [8]그에게 빛나고 깨끗한 세마포 옷을 입도록 허락하셨으니 이 세마포 옷은 성도들의 옳은 행실이로다 하더라"

4) 그러므로 예수님을 영접한 하나님의 자녀로서 그리스도의 신부가 되기 위해서는(사 61:10) 날마다 자기 '보물로 몸을 단장해야 합니다(보물=예수님).

골 2:3 "그 안에는 지혜와 지식의 모든 보화가 감추어져 있느니라"

우리는 날마다 예수님으로 몸을 단장해야 합니다. 이러한 자들이 구원의 옷과 의의 겉옷을 입은 자들입니다.

의의 겉옷의 능력

마 9:20-22 "열두 해 동안이나 혈루증으로 앓는 여자가 예수의 뒤로 와서 그 겉옷 가를 만지니 이는 제 마음에 그 겉옷만 만져도 구원을 받겠다 함이라 예수께서 돌이켜 그를 보시며 이르시되 딸아 안심하라 네 믿음이 너를 구원하였다 하시니 여자가 그 즉시 구원을 받으니라"

열두 해를 혈루증으로 고생하던 여인이 예수님의 겉옷을 만짐으로 구원받은 사건입니다. 예수님을 영접하고 믿는 성도라면 예수님을 향한 믿음과 간절함이 있어야 합니다. 예수님을 믿는다면서도 예수님의 말씀은 말씀이고 나는 나라며 나의 의로 믿는 신도(종교인)들이 오늘날 너무 많아서, 그리스도의 몸 된 교회가 종교인들이 모이는 예배당이 되었다는 현실이 너무도 안타까울 뿐입니다.

왜 이러한 현상이 일어날까요? 오늘날 그리스도의 몸 된 교회에 혈루증에 걸린 병자들이 너무 많기 때문입니다. 혈루증은 피가 멈추지 않고 계속하여 흘러내리는 병입니다. 피는 생명이기에, 피를 흘려보낸다는 것은 생명을 버리는 것이나 다름이 없습니다.

레 17:11 "육체의 생명은 피에 있음이라 내가 이 피를 너희에게 주어 제단에 뿌려 너희의 생명을 위하여 속죄하게 하였나니 생명이 피에 있으므로 피가 죄를 속하느니라"

하나님의 생명의 말씀을 한 귀로 듣고 다른 귀로 흘려버리는 사람들이 오늘날 그리스도의 몸 된 교회에 너무 많습니다. 이런 사람들이 혈루증에 걸려 피(생명)를 흘려보낸 여인과 같습니다.

피가 내 안에 있어야 내가 살아 있는 것처럼, 생명의 말씀이 내 안에서 살아 운동력을 나타낼 때(히 4:12) 하나님께서는 우리를 산 자로 여길 것입니다.

그러면 혈루증을 고치기 위해서는 어떻게 해야 합니까?

1. 기쁜 소식은 오직 천국 복음에 있다는 것을 믿어야 합니다.

1) 외치는 자의 소리에 귀를 기울입시다.

마 3:1-3 "¹그때에 세례 요한이 이르러 유대 광야에서 전파하여 말하되 ²회개하라 천국이 가까이 왔느니라 하였으니 ³그는 선지자 이사야를 통하여 말씀하신 자라 일렀으되 광야에 외치는 자의 소리가 있어 이르되 너희는 주의 길을 준비하라 그가 오실 길을 곧게 하라 하였느니라"

아비야 반열(순서) 유대의 제사장들은 모두 24개 조로 구분되었으며, 한 조는 넷 이상 아홉 가문으로 구성되었습니다. '야훼가 아버지시다'라는 뜻의 '아비야' 제사장은 여덟 번째에 속합니다(참조: 눅 1:5-

17-세례 요한의 탄생, 눅 1:39-45-마리아의 문안, 요한 같은 자들이 세례를 줄 수 있음-침례, 오늘날에도 성령 충만한 자의 소리에 귀를 기울여야 함).

우리가 예수님의 재림의 길을 내기 위해 외칠 때 우리의 간절함을 들으시고 예수님이 속히 오시는 것입니다.

> 요 1:29 "이튿날 요한이 예수께서 자기에게 나아오심을 보고 이르되 보라 세상 죄를 지고 가는 하나님의 어린양이로다"

> 마 4:17 "이때부터 예수께서 비로소 전파하여 이르시되 회개하라 천국이 가까이 왔느니라 하시더라"

> 마 4:23 "예수께서 온 갈릴리에 두루 다니사 그들의 회당에서 가르치시며 천국 복음을 전파하시며 백성 중의 모든 병과 모든 약한 것을 고치시니"

혈루증 여인도 이 기쁜 소식을 듣고 예수님만이 자기 병을 고칠 수 있겠다는 간절한 마음에 믿음이 불타기 시작하였습니다. 그러던 중 예수님께서 자기 동네를 지나가신다는 말씀을 듣고 기다렸습니다. 그리고 사람들이 많아서 예수님의 앞에는 못 가고 뒤에서 겉옷이라도 만지면 병이 나을 것이라는 간절한 믿음으로 예수님의 겉옷을 만짐으로 구원을 받았습니다(참조: 요일 1:1).

2) 예수님의 겉옷을 만집시다.

예수님의 겉옷에 무엇이 있었기에 능력으로 역사하였을까요?

계 19:13 "또 그가 피 뿌린 옷을 입었는데 그 이름은 하나님의 말씀이라 칭하더라"

이 여인이 예수님의 겉옷을 만짐으로 피와 하나님의 말씀의 생명이 쑥 흘러들어 감으로 구원을 받았던 것입니다.

그러므로 피(DNA)가 예수님과 같아졌기 때문에 마태복음 9장 22절에서 "딸아 안심하라 네 믿음이 너를 구원하였다"라고 말씀하신 것입니다.

히 13:8 "예수 그리스도는 어제나 오늘이나 영원토록 동일하시니라"

사랑하는 성도 여러분 모두 실상의 믿음을 갖고(히 11:1) 오늘날에도 우리의 병을 고칠 분이 누구이시고 현재는 어디에 계시는지 바로 알고, 바로 믿고, 바로 예배드리는 하나님의 자녀들이 되시길 주님의 이름으로 축원합니다(참조: 시 107:20, 말씀을 보내사 위험한 지경에서 건지심).

2. 의의 겉옷에 능력이 있습니다.

1) 겉옷을 입지 않았을 때의 현상
베드로는 어땠습니까?

눅 5:5-7 "[5]시몬이 대답하여 이르되 선생님 우리들이 밤이 새도록 수고하였으되 잡은 것이 없지마는 말씀에 의지하여 내가 그물을 내리리이다 하고 [6]그렇게 하니 고기를 잡은 것이 심히 많아 그물이 찢어지는지라 [7]이에 다른 배에 있는 동무들에게 손짓하여 와서 도와 달라 하니 그들

이 와서 두 배에 채우매 잠기게 되었더라"(참조: 겉옷을 입지 않았을 때는 예수님을 선생으로 생각했음)

겉옷을 입지 않고 잡은 고기들은 그물이 찢어지고 배가 잠김으로 다시금 다 바다(세상)로 돌아가는 것입니다. 오늘날 많은 교회들, 특히 큰 예배당을 짓고 많은 사람들이 모이는 교회의 목사님들이 이 말씀을 듣고 깨달음이 있어야 할 텐데 안타까울 뿐입니다.

눅 5:8 "시몬 베드로가 이를 보고 예수의 무릎 아래에 엎드려 이르되 주여 나를 떠나소서 나는 죄인이로소이다 하니"

베드로는 예수님을 선생으로만 알았다가 그물이 찢어지고 배가 잠겨 고기들이 다 바다로 돌아가는 것을 보고서야 예수님이 메시아시며 주님이란 것을 깨닫고 "나는 죄인이로소이다"라고 회개하며 고백하였습니다.

예수님께서는 이렇게 회개하고 고백하는 자들을 제자로 삼으십니다.

마 13:47-50 "[47]또 천국은 마치 바다에 치고 각종 물고기를 모는 그물과 같으니 [48]그물에 가득하매 물가로 끌어내고 앉아서 좋은 것은 그릇에 담고 못된 것은 내버리느니라 [49]세상 끝에도 이러하리라 천사들이 와서 의인 중에서 악인을 갈라 내어 [50]풀무불에 던져 넣으리니 거기서 울며 이를 갈리라"(참조: 세상 끝=나의 삶이 끝나는 날)

2) 겉옷을 입고 있을 때의 현상

요 21:7 "예수께서 사랑하시는 그 제자가 베드로에게 이르되 주님이시라 하니 시몬 베드로가 벗고 있다가 주님이라 하는 말을 듣고 겉옷을 두른 후에 바다로 뛰어내리더라"

요 21:10-11 "¹⁰예수께서 이르시되 지금 잡은 생선을 좀 가져오라 하시니 ¹¹시몬 베드로가 올라가서 그물을 육지에 끌어올리니 가득히 찬 큰 물고기가 백쉰세 마리라 이같이 많으나 그물이 찢어지지 아니하였더라"(참조: 창 1:21-22-큰 물고기, 요 4:34-예수님의 양식, 백쉰세 마리=마지막 때 확실히 알곡이 된 자들)

이러한 자들이 예수님의 양식이며, 하나님께서 사용하시는 예수님의 제자들입니다. 이러한 자들을 하나님께서는 사용하십니다.

요 21:15-17 "¹⁵그들이 조반 먹은 후에 예수께서 시몬 베드로에게 이르시되 요한의 아들 시몬아 네가 이 사람들보다 나를 더 사랑하느냐 하시니 이르되 주님 그러하나이다 내가 주님을 사랑하는 줄 주님께서 아시나이다 이르시되 내 어린양을 먹이라 하시고 ¹⁶또 두 번째 이르시되 요한의 아들 시몬아 네가 나를 사랑하느냐 하시니 이르되 주님 그러하나이다 내가 주님을 사랑하는 줄 주님께서 아시나이다 이르시되 내 양을 치라 하시고 ¹⁷세 번째 이르시되 요한의 아들 시몬아 네가 나를 사랑하느냐 하시니 주께서 세 번째 네가 나를 사랑하느냐 하시므로 베드로가 근심하여 이르되 주님 모든 것을 아시오매 내가 주님을 사랑하는 줄을 주님께서 아시나이다 예수께서 이르시되 내 양을 먹이라"(참조: 마 24:19-그날에는 아이 밴 자들과 젖 먹이는 자들에게 화가 있음, 세 번=확실하다-전 4:12)

3) 의의 겉옷이 있어야만 요단강을 건널 수 있습니다.

왕하 2:13-14 "¹³엘리야의 몸에서 떨어진 겉옷을 주워 가지고 돌아와 요단 언덕에 서서 ¹⁴엘리야의 몸에서 떨어진 그의 겉옷을 가지고 물을 치며 이르되 엘리야의 하나님 여호와는 어디 계시니이까 하고 그도 물을 치매 물이 이리저리 갈라지고 엘리사가 건너니라"(참조: 수 3:14-언약궤=하나님의 말씀)

엘리사는 영적으로 요단강을 건너 가나안 땅을 다녀온 사람입니다. 그래서 엘리야보다 갑절의 이적과 기적을 나타냈던 것입니다. 예수님을 영접하고 하나님을 믿는 성도라면 의의 겉옷을 꼭 입어야 합니다.

갈 3:27 "누구든지 그리스도와 합하기 위하여 세례를 받은 자는 그리스도로 옷 입었느니라"

3. 세상 아비가 입혀 준 겉옷을 입으면 어떻게 됩니까?

막 10:46-52 "⁴⁶그들이 여리고에 이르렀더니 예수께서 제자들과 허다한 무리와 함께 여리고에서 나가실 때에 디매오의 아들인 맹인 거지 바디매오가 길가에 앉았다가 ⁴⁷나사렛 예수시란 말을 듣고 소리 질러 이르되 다윗의 자손 예수여 나를 불쌍히 여기소서 하거늘 ⁴⁸많은 사람이 꾸짖어 잠잠하라 하되 그가 더욱 크게 소리 질러 이르되 다윗의 자손이여 나를 불쌍히 여기소서 하는지라 [49]예수께서 머물러 서서 그를 부르라 하시니 그들이 그 맹인을 부르며 이르되 안심하고 일어나라 그가 너를 부르신다 하매 [50]맹인이 겉옷을 내버리고 뛰어 일어나 예수께 나아오거늘 [51]예수께서 말씀하여 이르시되 네게 무엇을 하여 주기를 원하느냐 맹인이 이르되 선생님이여 보기를 원하나이다 [52]예수께서 이르시되 가라 네 믿음이 너를 구원하였느니라 하시니 그가 곧 보게 되어 예수를 길에서 따르니라"

1) 세상 아비가 입혀 준 겉옷은 벗어야 합니다.

요 8:44 "너희는 너희 아비 마귀에게서 났으니 너희 아비의 욕심대로 너희도 행하고자 하느니라 그는 처음부터 살인한 자요 진리가 그 속에 없으므로 진리에 서지 못하고 거짓을 말할 때마다 제 것으로 말하나니 이는 그가 거짓말쟁이요 거짓의 아비가 되었음이라"

그래서 세상 아비가 입혀 준 겉옷은 벗어 버리고 의의 겉옷을 입고 예수님을 따라가야 합니다.

막 1:19-20 "[19]조금 더 가시다가 세베대의 아들 야고보와 그 형제 요한을 보시니 그들도 배에 있어 그물을 깁는데 [20]곧 부르시니 그 아버지 세베대를 품꾼들과 함께 배에 버려두고 예수를 따라가니라"(아비-요 8:44, 삯꾼-요 10:12, 배=교회)

마지막 때는 아비와 삯꾼과 배(교회)를 버리고 생명의 말씀이 되시는 예수님을 따라가야 합니다.

2) 생명의 말씀이 되시는 예수님을 따라가야 멸망치 않습니다.

빌 3:19 "그들의 마침은 멸망이요 그들의 신은 배요 그 영광은 그들의 부끄러움에 있고 땅의 일을 생각하는 자라"

세상 아비가 입혀 준 겉옷을 입으면 제자 바디매오같이 거지 노릇을 하면서 무엇을 먹을까, 무엇을 입을까 땅의 일을 생각하면서 살다가 끝내는 멸망에 이릅니다. 귀 있는 자는 성령이 교회들에게 하시는 말씀을 듣고 순종해야 합니다.

사랑하는 성도 여러분 모두 꼭 예수님께서 입혀 준 겉옷을 입고 예수님의 제자가 되어 많은 사람을 옳은 데로 인도하여 하늘의 별같이 영원토록 빛나는(단 12:3) 생명의 빛들이 되시길 주님의 이름으로 축원합니다.

마지막 때 하나님이 보내실 곳

눅 4:25-26 "내가 참으로 너희에게 이르노니 엘리야 시대에 하늘이 삼 년 육 개월간 닫히어 온 땅에 큰 흉년이 들었을 때에 이스라엘에 많은 과부가 있었으되 엘리야가 그중 한 사람에게도 보내심을 받지 않고 오직 시돈 땅에 있는 사렙다의 한 과부에게뿐이었으며"

하나님께서는 세상에 물이 풍족하게 있었을 때는 까마귀들을 통해 엘리야에게 떡과 고기를 갖다 주어 먹게 하였는데, 온 땅에 큰 흉년이 들었을 때에는 엘리야를 사렙다 과부의 집으로 보내셨습니다.

과부는 세상 사람들이 보기에 약하고 천하고 멸시받는 사람들입니다(과부-딤전 5:9-16, 예: 만나 선지자-눅 2:36-38). 그러나 하나님께서는 이와 같은 사람들을 사용하시어 하나님의 영광을 나타내십니다.

고전 1:27-29 "[27]그러나 하나님께서 세상의 미련한 것들을 택하사 지혜 있는 자들을 부끄럽게 하려 하시고 세상의 약한 것들을 택하사 강한 것들을 부끄럽게 하려 하시며 [28]하나님께서 세상의 천한 것들과 멸시받는 것들과 없는 것들을 택하사 있는 것들을 폐하려 하시나니 [29]이는 아무 육체도 하나님 앞에서 자랑하지 못하게 하려 하심이라"

하나님은 종을 사용하셨습니다.

요 2:6-9 "⁶거기에 유대인의 정결 예식을 따라 두세 통 드는 돌항아리 여섯이 놓였는지라 ⁷예수께서 그들에게 이르시되 항아리에 물을 채우라 하신즉 아귀까지 채우니 ⁸이제는 떠서 연회장에게 갖다주라 하시매 갖다주었더니 ⁹연회장은 물로 된 포도주를 맛보고 어디서 났는지 알지 못하되 물 떠온 하인들은 알더라 연회장이 신랑을 불러"(참조: 왕상 19:18-하나님이 남겨 놓으신 7천 인, 호렙산의 엘리야)

어린 소녀를 통해서도 영광을 드러내셨습니다.

왕하 5:2-3 "²전에 아람 사람이 떼를 지어 나가서 이스라엘 땅에서 어린 소녀 하나를 사로잡으매 그가 나아만의 아내에게 수종 들더니 ³그의 여주인에게 이르되 우리 주인이 사마리아에 계신 선지자 앞에 계셨으면 좋겠나이다 그가 그 나병을 고치리이다 하는지라"

연회장(오늘날 목사)은 물이 변하여 된 포도주가 어디서 났는지 몰랐지만, 물 떠온 하인들은 알고 있었습니다. 어린 소녀는 나병을 어디에서 누가 고칠 수 있는지 알고 있었지만, 세상에서 존귀함을 받고 있는 나아만 장군은 몰랐습니다. 이 영적인 의미를 잘 깨닫기를 바랍니다.

오늘날 세상에는 물(엡 5:26-물=말씀)이 많이 있는 것 같지만, 궁창 아래의 물은 언젠가 큰 흉년이 오면 마르게 되어 있습니다.

창 1:6-7 "⁶하나님이 이르시되 물 가운데에 궁창이 있어 물과 물로 나뉘라 하시고 ⁷하나님이 궁창을 만드사 궁창 아래의 물과 궁창 위의 물로 나뉘게 하시니 그대로 되니라"

엘리야 선지자가 그릿 시냇가의 물, 궁창 아래의 물을 먹는 동안에는 까마귀들이 아침과 저녁에 떡과 고기를 날라다 주어 먹었습니다.

왕상 17:5-7 "⁵그가 여호와의 말씀과 같이 하여 곧 가서 요단 앞 그릿 시냇가에 머물매 ⁶까마귀들이 아침에도 떡과 고기를, 저녁에도 떡과 고기를 가져왔고 그가 시냇물을 마셨으나 ⁷땅에 비가 내리지 아니하므로 얼마 후에 그 시내가 마르니라"

왜 까마귀들이 떡과 고기를 조석으로 날라다 주었을까요?
까마귀는 가증하고 부정한 것이어서 하나님께서는 율법에서 먹지 말라고 하셨습니다.

레 11:13-15 "¹³새 중에 너희가 가증히 여길 것은 이것이라 이것들이 가증한즉 먹지 말지니 곧 독수리와 솔개와 물수리와 ¹⁴말똥가리와 말똥가리 종류와 ¹⁵까마귀 종류와"

이 가증하고 부정한 까마귀들이 궁창 아래의 물, 세상 물이 있는 땅에만 들락거리면서 세상 사람들이 즐기는 떡과 고기를 먹으라고 물어다 주고 있습니다.

창 8:7 "까마귀를 내놓으매 까마귀가 물이 땅에서 마르기까지 날아 왕래하였더라"

까마귀는 세상 물이 있는 땅에만 들락거리며 왕래하고 있음을 알 수 있습니다.

반면 비둘기는 성령을 의미합니다(마 3:16; 욘 1:15).

창 8:9-12 "⁹온 지면에 물이 있으므로 비둘기가 발 붙일 곳을 찾지 못하고 방주로 돌아와 그에게 오는지라 그가 손을 내밀어 방주 안 자기에게로 받아들이고 ¹⁰또 칠 일을 기다려 다시 비둘기를 방주에서 내놓으매 ¹¹저녁때에 비둘기가 그에게로 돌아왔는데 그 입에 감람나무 새 잎사귀가 있는지라 이에 노아가 땅에 물이 줄어든 줄을 알았으며 ¹²또 칠 일을 기다려 비둘기를 내놓으매 다시는 그에게로 돌아오지 아니하였더라"

비둘기는 마른 땅에만 거합니다. 그러나 까마귀는 세상 물이 있는 땅에만 육신의 떡과 고기를 날라다 주어 먹게 함으로 인간을 멸망의 길로 빠뜨립니다.

마 4:4 "예수께서 대답하여 이르시되 기록되었으되 사람이 떡으로만 살 것이 아니요 하나님의 입으로부터 나오는 모든 말씀으로 살 것이라 하였느니라 하시니"

민 11:4 "그들 중에 섞여 사는 다른 인종들이 탐욕을 품으매 이스라엘 자손도 다시 울며 이르되 누가 우리에게 고기를 주어 먹게 하랴"

예수님을 영접하고(요 1:12) 하나님을 믿는 성도라면 영혼의 양식인 생명수, 하나님의 생명의 말씀을 먹어야 합니다. 그런데 예수쟁이 속에 섞여 사는 무리들이 입으로는 '주여, 주여' 하면서(마 7:21-22) 사람의 계명으로 가르침을 받고(사 29:13) 육신의 정욕을 위하여 까마귀들이 가져온 육신의 떡과 고기를 먹으며 믿음이 어린 사람들까지 하나님의 생명에서 떨어지도록 육신의 생각을 넣어 줍니다.

엡 4:18 "그들의 총명이 어두워지고 그들 가운데 있는 무지함과 그들의 마음이 굳어짐으로 말미암아 하나님의 생명에서 떠나 있도다"

롬 8:6-7 "⁶육신의 생각은 사망이요 영의 생각은 생명과 평안이니라 ⁷육신의 생각은 하나님과 원수가 되나니 이는 하나님의 법에 굴복하지 아니할 뿐 아니라 할 수도 없음이라"

오늘날 이스라엘에 섞여 사는 무리들과 까마귀들이 들락거림으로 교회에서 하나님의 율례와 규례는 찾아볼 수 없고, 세상의 풍습과 세상의 기업 형태의 예배당이 되어 종교인들을 생산하는 건물로서의 교회(예루살렘 성전)가 되었다는 것이 안타까울 따름입니다.

요 2:19 "예수께서 대답하여 이르시되 너희가 이 성전을 헐라 내가 사흘 동안에 일으키리라"

오늘날 교회 내에 경건의 모양은 있으나 경건의 능력을 부인하는 사람들이 너무 많습니다(딤후 3:5). 하나님께서는 이러한 자들이 먹는 고기가 이 사이에 있을 때 진노하시고 재앙을 내리실 것입니다.

민 11:33 "고기가 아직 이 사이에 있어 씹히기 전에 여호와께서 백성에게 대하여 진노하사 심히 큰 재앙으로 치셨으므로"

왜 하나님께서는 고기가 이 사이에 있을 때 재앙으로 치십니까? 먹으면 하나가 되기 때문입니다.

아담과 하와가 선악과를 따 먹음으로 마귀와 하나가 되어 마귀의 종 노릇을 했습니다. 그래서 하나님께서는 고기가 이 사이에서 씹히기 전에 치셨던 것입니다.

그러면 왜 하나님께서는 흉년이 올 때 엘리야 선지자에게 사렙다 과부의 집으로 찾아가라고 하였을까요?(참조: 눅 10:34-35-주막)

첫째, 사렙다 과부의 집에는 소제를 드릴 수 있는(레 2:1) 가루 한 움큼이 있었고, 또 거기에서는 떡을 만들 수 있었습니다(왕상 17:13).

> 왕상 17:13 "엘리야가 그에게 이르되 두려워하지 말고 가서 네 말대로 하려니와 먼저 그것으로 나를 위하여 작은 떡 한 개를 만들어 내게로 가져오고 그 후에 너와 네 아들을 위하여 만들라"

둘째, 그 집에는 불이 꺼지지 않도록 하는 기름이 있었습니다(마 25:1-13).

셋째, 그 집에는 아들이 있었습니다(요일 5:12).

> 요일 5:12 "아들이 있는 자에게는 생명이 있고 하나님의 아들이 없는 자에게는 생명이 없느니라"

우리도 고운 가루가 되어야 합니다.

> 신 24:6 "사람이 맷돌이나 그 위짝을 전당 잡지 말지니 이는 그 생명을 전당 잡음이니라"(참조: 위짝-삿 9:53)

고운 가루가 되기 위해서는 맷돌 안에 들어가 깨어져야 합니다. 고운 가루가 된 자들이 살아 있는 떡(요 6:51)에 참여할 수 있습니다 (갈 2:20; 롬 6:5-6).

그러기 위해서는 성령의 기름 부음을 받아야 합니다.

> **시 133:1-3** "¹보라 형제가 연합하여 동거함이 어찌 그리 선하고 아름다운고 ²머리에 있는 보배로운 기름이 수염 곧 아론의 수염에 흘러서 그 옷깃까지 내림 같고 ³헐몬의 이슬이 시온의 산들에 내림 같도다 거기서 여호와께서 복을 명령하셨나니 곧 영생이로다"

예수님도 성령의 기름 부음이 충만하였기에 선한 일을 행하시고 마귀를 쫓아내시고 병든 자를 치유하셨습니다.

> **행 10:38** "하나님이 나사렛 예수에게 성령과 능력을 기름 붓듯 하셨으매 그가 두루 다니시며 선한 일을 행하시고 마귀에게 눌린 모든 사람을 고치셨으니 이는 하나님이 함께하셨음이라"

오늘날 많은 교회가 있지만, 기름이 떨어져 불이 꺼져 빛이 없으며 미련한 다섯 처녀처럼 예비된 기름이 없어서 혼인 잔치에 참여하지 못하는 종교인들이 많다는 현실이 참으로 안타까울 뿐입니다(마 25:1-13, 참조: 계 3:16 "네가 이같이 미지근하여 뜨겁지도 아니하고 차지도 아니하니 내 입에서 너를 토하여 버리리라")

이제는 깨어 있어야 할 때입니다(마 25:13). 그러기 위해서 우리는 어떻게 해야 할까요? 내 안에 하나님의 아들을 모셔야 합니다.

오늘날 그리스도의 몸 된 교회에 하나님의 아들이신 예수님이 정

말 계시는지 묻지 않을 수 없습니다. 과연 예수님이 계시다면 오늘날 세상 사람들에게 이렇게 모욕을 당할까요?

> 골 1:18 "그는 몸인 교회의 머리시라 그가 근본이시요 죽은 자들 가운데서 먼저 나신 이시니 이는 친히 만물의 으뜸이 되려 하심이요"

그래서 하나님의 아들이신 예수님이 우리 안에 있어야 합니다.

> 요일 5:12 "아들이 있는 자에게는 생명이 있고 하나님의 아들이 없는 자에게는 생명이 없느니라"

어떻게 엘리야 선지자는 많은 과부들 중에서 사렙다(사르밧) 과부를 알아보았을까요?

> 왕상 17:10 "그가 일어나 사르밧으로 가서 성문에 이를 때에 한 과부가 그곳에서 나뭇가지를 줍는지라 이에 불러 이르되 청하건대 그릇에 물을 조금 가져다가 내가 마시게 하라"

엘리야 선지자는 성문에 이르렀을 때에 한 과부가 그곳에서 나뭇가지를 줍고 있는 것을 보고 알아보았습니다. 나뭇가지는 영적으로 예수님의 몸에서 떨어진 가지를 의미합니다.

> 요 15:5 "나는 포도나무요 너희는 가지라 그가 내 안에, 내가 그 안에 거하면 사람이 열매를 많이 맺나니 나를 떠나서는 너희가 아무것도 할 수 없음이라"(참조: 사 27:11)

고전 12:27 "너희는 그리스도의 몸이요 지체의 각 부분이라"

오늘날 이 시대에도 교회가 예수님의 몸 된 교회에서 여러 이유로 떨어진 사람들을 사렙다 과부처럼 다시 줍고 있습니까?
그러면 통의 가루와 병의 기름은 어떻게 먹어도 먹어도 없어지지 않고 계속 있었을까요?

왕상 17:14-16 "14이스라엘의 하나님 여호와의 말씀이 나 여호와가 비를 지면에 내리는 날까지 그 통의 가루가 떨어지지 아니하고 그 병의 기름이 없어지지 아니하리라 하셨느니라 15그가 가서 엘리야의 말대로 하였더니 그와 엘리야와 그의 식구가 여러 날 먹었으나 16여호와께서 엘리야를 통하여 하신 말씀같이 통의 가루가 떨어지지 아니하고 병의 기름이 없어지지 아니하니라"(참조: 왕하 4:1-7-과부의 기름, 생도의 아내)

마 13:33 "또 비유로 말씀하시되 천국은 마치 여자가 가루 서 말 속에 갖다 넣어 전부 부풀게 한 누룩과 같으니라"

사랑하는 성도 여러분 모두가 마지막 때에 사렙다 과부처럼 가루와 기름과 아들과 함께 천국의 삶을 누리면서 흉년을 이겨 나가는 슬기로운 다섯 처녀들이 되시길 축원합니다.
이제 우리는 사렙다 과부의 집에 모여 다시금 떡을 먹어야 합니다. 그리고 하나님께서 엘리야 선지자를 왜 사렙다 과부의 집으로 보냈는지 깨달아야 합니다.

세례와 성령을 받자

눅 4:27 "또 선지자 엘리사 때에 이스라엘에 많은 나병 환자가 있었으되 그중의 한 사람도 깨끗함을 얻지 못하고 오직 수리아 사람 나아만뿐이었느니라"

오늘날 많은 기독교인들이 하나님을 믿는다고 하면서도 차지도 뜨겁지도 않은 미지근한 상태로 예배당에 나오고 있으며(계 3:15-16), 입으로는 '주여, 주여' 하면서 마음은 하나님에게서 멀리 떠나 있는, 섞여 사는 무리들이 생각보다 많다는 사실이 참으로 안타깝습니다 (마 7:21; 민 11:4-섞여 사는 무리).

계 3:15-16 "¹⁵내가 네 행위를 아노니 네가 차지도 아니하고 뜨겁지도 아니하도다 네가 차든지 뜨겁든지 하기를 원하노라 ¹⁶네가 이같이 미지근하여 뜨겁지도 아니하고 차지도 아니하니 내 입에서 너를 토하여 버리리라"

이런 자들은 마음이 완악해지고 무감각해져서 무뎌지고 썩어 가고 있음에도 자신들은 하나님을 잘 믿고 있다고 착각합니다.

마 13:15 "이 백성들의 마음이 완악하여져서 그 귀는 듣기에 둔하고 눈은 감았으니 이는 눈으로 보고 귀로 듣고 마음으로 깨달아 돌이켜 내게 고침을 받을까 두려워함이라 하였느니라"

나병에 걸리면 하나님의 복도 받지 못할 뿐 아니라, 초기에는 자신도 알지 못하고 있다가 2~3년 후 밖으로 드러나고 나서야 병에 걸렸다는 것을 알게 됩니다. 그래서 더욱 무서운 병입니다.

나병에 걸리면 살이 썩어 가고 있는데도 무감각하므로 느끼지 못합니다. 영적으로 이런 자들의 마음 밭은 어떠합니까?

렘 17:9 "만물보다 거짓되고 심히 부패한 것은 마음이라 누가 능히 이를 알리요마는"

엡 4:18 "그들의 총명이 어두워지고 그들 가운데 있는 무지함과 그들의 마음이 굳어짐으로 말미암아 하나님의 생명에서 떠나 있도다"

마귀는 이러한 자들을 제일 좋아하며 동지라 생각하여 선물을 갖다줍니다.

창 3:6 "여자가 그 나무를 본즉 먹음직도 하고 보암직도 하고 지혜롭게 할 만큼 탐스럽기도 한 나무인지라 여자가 그 열매를 따 먹고 자기와 함께 있는 남편에게도 주매 그도 먹은지라"

요일 2:16 "이는 세상에 있는 모든 것이 육신의 정욕과 안목의 정욕과 이생의 자랑이니 다 아버지께로부터 온 것이 아니요 세상으로부터 온 것이라"

마귀는 총명이 어두워져 무감각해진 섞여 사는 무리들에게 보이는 땅의 것을 주고, 입으로만 '주여, 주여' 하면서 마음은 하나님으로부터 멀리 떠나 있는 자들을 유혹하여 영적 나병에 걸리게 하여 끝내는 멸망의 길로 인도합니다(참조: 왕상 17:6-까마귀들이 떡과 고기를 공급함).

1. 그러면 왜 나병에 걸립니까?

잠 16:18 "교만은 패망의 선봉이요 거만한 마음은 넘어짐의 앞잡이니라"

1) 겸손하지 못하고 거만하기 때문입니다.

민 12:1-2 "¹모세가 구스 여자를 취하였더니 그 구스 여자를 취하였으므로 미리암과 아론이 모세를 비방하니라 ²그들이 이르되 여호와께서 모세와만 말씀하셨느냐 우리와도 말씀하지 아니하셨느냐 하매 여호와께서 이 말을 들으셨더라"

여호와 하나님께서는 모세가 구스 여자(이방인)를 취하였지만 아무 말씀도 하지 않으셨습니다. 그런데 미리암과 아론은 육적인 생각으로 모세를 비방하고 정죄하였습니다(참조: 롬 8:6-7-육신의 생각).
여기서 모세가 구스 여자를 취하는 것은 영적으로 장차 예수님께서 이방인인 우리를 취하는 것을 예표하고 있습니다. 미리암과 아론은 육신의 생각과 보이는 것으로 모세를 비방(정죄)했기에 여호와 하나님께서 미리암을 나병에 걸리게 하였던 것입니다.

민 12:10 "구름이 장막 위에서 떠나갔고 미리암은 나병에 걸려 눈과 같더라 아론이 미리암을 본즉 나병에 걸렸는지라"

2) 하나님께서는 거짓과 탐심을 제일 싫어하십니다.
이러한 자들도 나병에 걸리게 하십니다.

골 3:5 "그러므로 땅에 있는 지체를 죽이라 곧 음란과 부정과 사욕과 악한 정욕과 탐심이니 탐심은 우상 숭배니라"

왕하 5:20-23 "[20]하나님의 사람 엘리사의 사환 게하시가 스스로 이르되 내 주인이 이 아람 사람 나아만에게 면하여 주고 그가 가지고 온 것을 그의 손에서 받지 아니하였도다 여호와께서 살아 계심을 두고 맹세하노니 내가 그를 쫓아가서 무엇이든지 그에게서 받으리라 하고 [21]나아만의 뒤를 쫓아가니 나아만이 자기 뒤에 달려옴을 보고 수레에서 내려 맞이하여 이르되 평안이냐 하니 [22]그가 이르되 평안하나이다 우리 주인께서 나를 보내시며 말씀하시기를 지금 선지자의 제자 중에 두 청년이 에브라임 산지에서부터 내게로 왔으니 청하건대 당신은 그들에게 은 한 달란트와 옷 두 벌을 주라 하시더이다 [23]나아만이 이르되 바라건대 두 달란트를 받으라 하고 그를 강권하여 은 두 달란트를 두 전대에 넣어 매고 옷 두 벌을 아울러 두 사환에게 지우매 그들이 게하시 앞에서 지고 가니라"

하나님의 사람 엘리사는 세상 사람이 가져온 선물을 일절 받지 않았는데, 엘리사의 사환 게하시는 나아만 장군이 가져온 선물(왕하 5:5)에 탐심이 생겨 엘리사 몰래 나아만에게 달려가서 거짓으로 말하고(왕하 5:22-23) 은 두 달란트와 옷 두 벌을 받아와서 엘리사 몰래 감추어 둡니다.

그러나 하나님의 사람 엘리사는 영안이 열린 사람이므로 게하시의 거짓말과 탐심을 다 알고 있었습니다.

왕하 5:26-27 "²⁶엘리사가 이르되 한 사람이 수레에서 내려 너를 맞이할 때에 내 마음이 함께 가지 아니하였느냐 지금이 어찌 은을 받으며 옷을 받으며 감람원이나 포도원이나 양이나 소나 남종이나 여종을 받을 때이냐 ²⁷그러므로 나아만의 나병이 네게 들어 네 자손에게 미쳐 영원토록 이르리라 하니 게하시가 그 앞에서 물러나오매 나병이 발하여 눈같이 되었더라"

예수님을 영접하고 하나님을 믿는 우리는 하나님 앞에서 정직해야 합니다.

2. 나병 환자를 누가 제일 좋아합니까?

왕하 5:1 "아람 왕의 군대 장관 나아만은 그의 주인 앞에서 크고 존귀한 자니 이는 여호와께서 전에 그에게 아람을 구원하게 하셨음이라 그는 큰 용사이나 나병 환자더라"

오늘날에도 만왕의 왕이시며 만주의 주이신 하나님이 보시기에 나아만 장군 같은 나병 환자가 많이 있습니다.

왜 세상 왕은 나아만 장군 같은 나병 환자를 크고 존귀한 자로 여길까요? 나아만 장군 밑에는 그의 명령을 받고 훈련받는 많은 사병이 있는데, 그가 그 많은 사람을 통솔하고 그들에게 영향을 끼치기 때문입니다.

오늘날 마귀(사탄)는 나아만 장군 같은 큰 교회의 목사 한 사람만 나병 환자로 만들면 그 교회에 모이는 신도들을 멸망의 길로 인도할 수 있기 때문에, 세상 왕은 나병 환자인 나아만 장군을 존귀히 여깁니다.

그래서 우리는 항상 깨어 있어야 하며(마 25:13), 하나님과 그의 아들 예수 그리스도를 아는 것과 믿는 것에 하나가 되어 그리스도의 장성한 분량에까지 자라야 합니다(엡 4:13).

엡 4:13 "우리가 다 하나님의 아들을 믿는 것과 아는 일에 하나가 되어 온전한 사람을 이루어 그리스도의 장성한 분량이 충만한 데까지 이르리니"

3. 하나님은 사랑이십니다.

요일 4:8 "사랑하지 아니하는 자는 하나님을 알지 못하나니 이는 하나님은 사랑이심이라"

나아만 장군 같은 목사를 그냥 두면 많은 사람을 멸망의 길로 인도할 것이기에, 하나님께서는 세상을 이처럼 사랑하사(요 3:16) 독생자 예수님을 보내 주시어 구원해 주시고 새로운 살 길로 인도해 주십니다.

히 10:20 "그 길은 우리를 위하여 휘장 가운데로 열어 놓으신 새로운 살 길이요 휘장은 곧 그의 육체니라"

4. 오늘날 누구를 사용하시어 새로운 살 길로 인도하십니까?

왕하 5:2-3 "²전에 아람 사람이 떼를 지어 나가서 이스라엘 땅에서 어린 소녀 하나를 사로잡으매 그가 나아만의 아내에게 수종 들더니 ³그의 여주인에게 이르되 우리 주인이 사마리아에 계신 선지자 앞에 계셨으면 좋겠나이다 그가 그 나병을 고치리이다 하는지라"

하나님께서는 오늘날 보잘것없고 천한 자들을 사용하시어(어린 소녀) 하나님의 영광을 나타내십니다.

고전 1:27-29 "²⁷그러나 하나님께서 세상의 미련한 것들을 택하사 지혜 있는 자들을 부끄럽게 하려 하시고 세상의 약한 것들을 택하사 강한 것들을 부끄럽게 하려 하시며 ²⁸하나님께서 세상의 천한 것들과 멸시 받는 것들과 없는 것들을 택하사 있는 것들을 폐하려 하시나니 ²⁹이는 아무 육체도 하나님 앞에서 자랑하지 못하게 하심이라"(참조: 요 2:6-9 하인=종, 마 18:3-4 어린아이)

하나님께서는 오늘날 천하고 미련하고 약하고 멸시받는 자들을 사용하신다는 것을 믿으시기 바랍니다. 어린 소녀는 나병을 어디서 누가 치료할 수 있는지 알고 있었지만, 나아만 장군은 알지 못했습니다.

5. 엘리사 선지자는 왜 그 자리에서 나아만 장군을 직접 치료하지 않고 많은 강 중에서도 요단강으로 보냈을까요?

예수님께서는 우리의 믿음을 시험하시며, 예수님이 보내는 곳에서만 치유해 주십니다.

요 9:7 "이르시되 실로암 못에 가서 씻으라 하시니 (실로암은 번역하면 보냄을 받았다는 뜻이라) 이에 가서 씻고 밝은 눈으로 왔더라"

우리가 하나님의 말씀에 순종할 때 이적과 기적을 체험하게 됩니다.

왕하 5:10-14 "¹⁰엘리사가 사자를 그에게 보내 이르되 너는 가서 요단강에 몸을 일곱 번 씻으라 네 살이 회복되어 깨끗하리라 하는지라 ¹¹나아만이 노하여 물러가며 이르되 내 생각에는 그가 내게로 나와 서서 그의 하나님 여호와의 이름을 부르고 그의 손을 그 부위 위에 흔들어 나병을 고칠까 하였도다 ¹²다메섹 강 아바나와 바르발은 이스라엘 모든 강물보다 낫지 아니하냐 내가 거기서 몸을 씻으면 깨끗하게 되지 아니하랴 하고 몸을 돌려 분노하여 떠나니 ¹³그의 종들이 나아와서 말하여 이르되 내 아버지여 선지자가 당신에게 큰 일을 행하라 말하였더면 행하지 아니하였으리이까 하물며 당신에게 이르기를 씻어 깨끗하게 하라 함이리이까 하니 ¹⁴나아만이 이에 내려가서 하나님의 사람의 말대로 요단강에 일곱 번 몸을 잠그니 그의 살이 어린 아이의 살같이 회복되어 깨끗하게 되었더라"(참조: 백부장의 믿음, 마 8:8 백부장이 대답하여 이르되 주여 내 집에 들어오심을 나는 감당하지 못하겠사오니 다만 말씀으로만 하옵소서 그러면 내 하인이 낫겠사옵나이다)

막 1:5 "온 유대 지방과 예루살렘 사람이 다 나아가 자기 죄를 자복하고 요단강에서 그에게 세례를 받더라"

마 3:16-17 "^{16}예수께서 세례를 받으시고 곧 물에서 올라오실새 하늘이 열리고 하나님의 성령이 비둘기같이 내려 자기 위에 임하심을 보시더니 ^{17}하늘로부터 소리가 있어 말씀하시되 이는 내 사랑하는 아들이요 내 기뻐하는 자라 하시니라"

그래서 엘리사 선지자는 나병 환자인 나아만 장군을 요단강으로 보내 세례와 성령을 받게 하였습니다.
왜 요단강에서 몸을 일곱 번 씻으라고 하였을까요? 일곱은 완전수로 '완전해질 때까지', '깨끗해질 때까지'를 의미합니다. 그래야 나병이 낫고 거듭날 수 있습니다.

겔 36:26-28 "^{26}또 새 영을 너희 속에 두고 새 마음을 너희에게 주되 너희 육신에서 굳은 마음을 제거하고 부드러운 마음을 줄 것이며 ^{27}또 내 영을 너희 속에 두어 너희로 내 율례를 행하게 하리니 너희가 내 규례를 지켜 행할지라 ^{28}내가 너희 조상들에게 준 땅에서 너희가 거주하면서 내 백성이 되고 나는 너희 하나님이 되리라"

우리는 세례와 성령을 받아야 새로운 피조물이 되어 하나님의 자녀로서 새로운 창조의 삶을 살아갈 수 있습니다.

고후 5:17 "그런즉 누구든지 그리스도 안에 있으면 새로운 피조물이라 이전 것은 지나갔으니 보라 새것이 되었도다"

> 빌 2:5 "너희 안에 이 마음을 품으라 곧 그리스도 예수의 마음이니"

이런 자들이 하나님의 형상을 입은 자며, 하늘에서 내려온 성품을 갖고 있는 자들입니다(고전 15:49).

> 약 3:17 "오직 위로부터 난 지혜는 첫째 성결하고 다음에 화평하고 관용하고 양순하며 긍휼과 선한 열매가 가득하고 편견과 거짓이 없나니"

세례와 성령을 받아야 육신에서 굳은 마음이 제거되고 부드러운 예수님의 마음으로 남들에 대하여 화평하고 관용하며, 남을 불쌍히 여기고 선을 베풀며, 하나님의 율례와 규례를 따르고 지키게 됩니다. 그럴 때 하나님의 사랑하는 아들이 될 수 있으며, 하나님이 기뻐하시는 자라고 인정받을 수 있는 것입니다.

오늘날 이 세대에 우리 모든 성도가 세례와 성령을 받아 살아 역사하시는 예수님을 체험하고 세상에 나아가 생명의 빛을(요 1:9) 나타내는 하나님의 사랑하는 아들이 되시길 축원합니다.

성령의 열매를 맺자

마 7:20 "이러므로 그들의 열매로 그들을 알리라"

예수님께서는 이 땅에 오시어 하늘의 비밀을 비유로 말씀하시고, 성령이 교회에 하시는 말씀을 전하시면서 귀 있는 자들만 들을 수 있도록 하셨습니다.

그러면서 이스라엘 백성을 나무에 비유하시면서, 각 사람의 믿음의 분량과 열매를 보고 심판하시어, 알곡은 곳간에 들이고 쭉정이는 꺼지지 않는 불에 던져 넣는다고 말씀하십니다.

마 7:16-19 "[16]그들의 열매로 그들을 알지니 가시나무에서 포도를, 또는 엉겅퀴에서 무화과를 따겠느냐 [17]이와 같이 좋은 나무마다 아름다운 열매를 맺고 못된 나무가 나쁜 열매를 맺나니 [18]좋은 나무가 나쁜 열매를 맺을 수 없고 못된 나무가 아름다운 열매를 맺을 수 없느니라 [19]아름다운 열매를 맺지 아니하는 나무마다 찍혀 불에 던져지느니라"

마 12:35 "선한 사람은 그 쌓은 선에서 선한 것을 내고 악한 사람은 그 쌓은 악에서 악한 것을 내느니라"

1. 어떻게 해야 아름다운 열매를 맺을 수 있을까요?

우리는 조상대로부터 선악과를 따 먹고 태어난 죄인이므로 아름다운 열매를 맺을 수 없기 때문에 죄가 없으신 예수님께 접붙임이 되어야 합니다.

시 51:5 "내가 죄악 중에서 출생하였음이여 어머니가 죄 중에서 나를 잉태하였나이다"(참조: 창 5:3-아담의 형상)

1) 예수님께 접붙임이 되어야 합니다(연합).

롬 11:17-18 "[17]또한 가지 얼마가 꺾이었는데 돌감람나무인 네가 그들 중에 접붙임이 되어 참감람나무 뿌리의 진액을 함께 받는 자가 되었은즉 [18]그 가지들을 향하여 자랑하지 말라 자랑할지라도 네가 뿌리를 보전하는 것이 아니요 뿌리가 너를 보전하는 것이니라"(참조: 창 1:26 "우리의 모양대로 우리가 사람을 만들고")

그래서 예수님을 영접하고 하나님을 믿는 성도라면 늘 겸손하고 낮은 자리에서 주님만을 의지해야 합니다.

접붙임하는 방법은 곧 연합입니다.

롬 6:5-6 "[5]만일 우리가 그의 죽으심과 같은 모양으로 연합한 자가 되었으면 또한 그의 부활과 같은 모양으로 연합한 자도 되리라 [6]우리가 알거니와 우리의 옛사람이 예수와 함께 십자가에 못 박힌 것은 죄의

몸이 죽어 다시는 우리가 죄에게 종 노릇 하지 아니하려 함이니"(참조: 암 3:3-연합)

십자가만이 하나님과 우리를 화목하게 할 수 있으며, 십자가만이 우리를 죄에서 해방시킬 수 있습니다.

엡 2:16 "또 십자가로 이 둘을 한 몸으로 하나님과 화목하게 하려 하심이라 원수 된 것을 십자가로 소멸하시고"

2) 진액을 먹어야 합니다.

요 19:34 "그중 한 군인이 창으로 옆구리를 찌르니 곧 피와 물이 나오더라"(참조: 벧전 2:2-신령한 젖)

예수님이 십자가에서 고난과 고통 속에서 옆구리를 통하여 흘려주신 피와 물이 진액입니다.(피-레 17:11 "육체의 생명은 피에 있음이라"-피가 죄 사함을 시켜 줌, 물-엡 5:26 "곧 물로 씻어 말씀으로 깨끗하게 하사 거룩하게 하시고")
'피=생명+물=말씀.' 그래서 하나님의 말씀을 생명수라고 합니다.

렘 17:13 "이스라엘의 소망이신 여호와여 무릇 주를 버리는 자는 다 수치를 당할 것이라 무릇 여호와를 떠나는 자는 흙에 기록이 되오리니 이는 생수의 근원이신 여호와를 버림이니이다"

우리는 하늘에서 내려 주시는 궁창 위의 생명수를 먹어야 아름다운 열매를 맺을 수 있습니다.

> 창 1:6-7 "⁶하나님이 이르시되 물 가운데에 궁창이 있어 물과 물로 나뉘라 하시고 ⁷하나님이 궁창을 만드사 궁창 아래의 물과 궁창 위의 물로 나뉘게 하시니 그대로 되니라"

궁창 위의 물은 생명수여서 아름다운 열매를 맺을 수 있지만, 궁창 아래의 물은 생명이 없기에 아름다운 열매를 맺을 수도 없습니다(사 29:13, 참조: 왕상 17:7 "땅에 비가 내리지 아니하므로 얼마 후에 그 시내가 마르니라").

하나님이 주시는 생명수를 먹지 않음으로 오늘날 교회가 종교인을 생산하는 예배당(예루살렘 성전)이 되어 세상 사람들에게 모욕을 당하는 것입니다. 예수님께서는 오늘도 말씀하십니다.

> 요 2:19 "예수께서 대답하여 이르시되 너희가 이 성전을 헐라 내가 사흘 동안에 일으키리라"

예수님을 영접하고 하나님을 믿는 성도라면 궁창 위에서 내려오는 생명수와 무교병을 하나님이 부르시는 그날까지 먹어야 합니다(무교병=누룩이 들어가지 않는 떡).

> 출 12:15 "너희는 이레 동안 무교병을 먹을지니 그 첫날에 누룩을 너희 집에서 제하라 무릇 첫날부터 일곱째 날까지 유교병을 먹는 자는 이스라엘에서 끊어지리라"(참조: 고전 3:9-집=나)

우리는 첫날(예수님을 영접한 날)부터 칠 일(하나님이 부르시는 그날)까지 무교병이며 진액인 생명수, 천국 복음만 먹어야 합니다.

그러기 위해서는 예수님으로부터 떨어지지 않아야 합니다.

요 15:5 "나는 포도나무요 너희는 가지라 그가 내 안에, 내가 그 안에 거하면 사람이 열매를 많이 맺나니 나를 떠나서는 너희가 아무것도 할 수 없음이라"

하나님의 말씀인 생명수를 먹지 않으면 가지인 우리는 말라 떨어지게 되어 있습니다. 나무가 마르거나 꺾이면 영원히 꺼지지 않는 불에 들어갑니다(참조: 벧전 1:23).

사 27:11 "가지가 마르면 꺾이나니 여인들이 와서 그것을 불사를 것이라 백성이 지각이 없으므로 그들을 지으신 이가 불쌍히 여기지 아니하시며 그들을 조성하신 이가 은혜를 베풀지 아니하시리라"(예: 마 7:21-입으로만, 사 29:13-사람의 계명으로, 엡 4:18-하나님의 생명에서)

열매를 맺은 그때부터 우리는 자라가며 구원을 이루어 갑니다.
오직 천국 복음(진액)을 먹고 깨달은 날부터 열매가 열리고 그때부터 자라가기 시작하며, 하나님께서 생명의 빛을 비추시고(요 1:9) 하늘의 지혜를 주시며 은혜로 항상 함께하십니다(눅 2:40).

골 1:6 "이 복음이 이미 너희에게 이르매 너희가 듣고 참으로 하나님의 은혜를 깨달은 날부터 너희 중에서와 같이 또한 온 천하에서도 열매를 맺어 자라는도다"(참조: 은혜=엡 2:8-구원)

눅 2:40 "아기가 자라며 강하여지고 지혜가 충만하며 하나님의 은혜
가 그의 위에 있더라"

열매를 맺고 자라가면서 구원을 이루어 가는 것입니다. 그래서 하
나님께서는 항상 복종하여 두렵고 떨리는 마음으로 구원을 이루라고
하십니다.

빌 2:12 "그러므로 나의 사랑하는 자들아 너희가 나 있을 때뿐 아니라
더욱 지금 나 없을 때에도 항상 복종하여 두렵고 떨림으로 너희 구원
을 이루라"

구원을 이루어 가면서 자라가는 시기가 하나님께 할례를 받는 시
간입니다.

레 19:23-25 "²³너희가 그 땅에 들어가 각종 과목을 심거든 그 열매는
아직 할례 받지 못한 것으로 여기되 곧 삼 년 동안 너희는 그것을 할
례 받지 못한 것으로 여겨 먹지 말 것이요 ²⁴넷째 해에는 그 모든 과실
이 거룩하니 여호와께 드려 찬송할 것이며 ²⁵다섯째 해에는 그 열매를
먹을지니 그리하면 너희에게 그 소산이 풍성하리라 나는 너희의 하나
님 여호와이니라"(참조: 출15:23-25-마라의 쓴물)

신 30:6 "네 하나님 여호와께서 네 마음과 네 자손의 마음에 할례를
베푸사 너로 마음을 다하며 뜻을 다하여 네 하나님 여호와를 사랑하
게 하사 너로 생명을 얻게 하실 것이며"

할례를 받아야 생명이 있는 아름다운 열매를 맺을 수 있으며, 그 열매를 하나님께서 받으십니다.

3) 장성한 분량에까지 자라나야 합니다.

엡 4:13 "우리가 다 하나님의 아들을 믿는 것과 아는 일에 하나가 되어 온전한 사람을 이루어 그리스도의 장성한 분량이 충만한 데까지 이르리니"

성령의 열매가 장성한 분량에까지 자라나서 익어야 우리가 천국 곳간에 들어갈 수 있습니다. 곧 구원이 성취되는 것입니다.

마 3:12 "손에 키를 들고 자기의 타작마당을 정하게 하사 알곡은 모아 곳간에 들이고 쭉정이는 꺼지지 않는 불에 태우시리라"

2. 열매를 맺으려면 어떻게 해야 합니까?

눅 13:6-9 "[6]이에 비유로 말씀하시되 한 사람이 포도원에 무화과나무를 심은 것이 있더니 와서 그 열매를 구하였으나 얻지 못한지라 [7]포도원지기에게 이르되 내가 삼 년을 와서 이 무화과나무에서 열매를 구하되 얻지 못하니 찍어 버리라 어찌 땅만 버리게 하겠느냐 [8]대답하여 이르되 주인이여 금년에도 그대로 두소서 내가 두루 파고 거름을 주리니 [9]이 후에 만일 열매가 열면 좋거니와 그렇지 않으면 찍어 버리소서 하였다 하시니라"

금년이란 기간이 우리에게는 매우 중요한 기간이며 '때'라는 것을 깨닫기 바랍니다. 이 기간은 옛 땅인 묵은 땅에서 가시덤불과 엉겅퀴를 걷어 내고 두루 파고 파종할 시기이며(천국 복음), 회개하고 돌이켜 성령 세례를 받아야 하는 시기입니다.

렘 4:3 "여호와께서 유다와 예루살렘 사람에게 이와 같이 이르노라 너희 묵은 땅을 갈고 가시덤불에 파종하지 말라"(참조: 엡 4:22-옛사람)

벧후 3:9 "주의 약속은 어떤 이들이 더디다고 생각하는 것같이 더딘 것이 아니라 오직 주께서는 너희를 대하여 오래 참으사 아무도 멸망하지 아니하고 다 회개하기에 이르기를 원하시느니라"

그래서 세례 요한도 세례를 베풀었습니다.

마 3:11 "나는 너희로 회개하게 하기 위하여 물로 세례를 베풀거니와 내 뒤에 오시는 이는 나보다 능력이 많으시니 나는 그의 신을 들기도 감당하지 못하겠노라 그는 성령과 불로 너희에게 세례를 베푸실 것이요"

우리는 모두 꼭 회개하고 성령 세례를 받고 아름다운 열매를 맺어 천국 곳간에 들어가는 하나님의 자녀가 되어야 할 것입니다.

신 23:7-8 "[7]너는 에돔 사람을 미워하지 말라 그는 네 형제임이니라 애굽 사람을 미워하지 말라 네가 그의 땅에서 객이 되었음이니라 [8]그들의 삼 대 후 자손은 여호와의 총회에 들어올 수 있느니라"

그래서 우리는 회개하고 돌이키고 죄 사함을 받아 새롭게 되는 날이 하나님으로부터 하루 속히 오기를 바라야 합니다.

행 3:19 "그러므로 너희가 회개하고 돌이켜 너희 죄 없이함을 받으라 이같이 하면 새롭게 되는 날이 주 앞으로부터 이를 것이요"

3. 기다려도 아름다운 열매를 맺지 못한 나무는 어떻게 됩니까?

마 21:19 "길가에서 한 무화과나무를 보시고 그리로 가사 잎사귀밖에 아무것도 찾지 못하시고 나무에게 이르시되 이제부터 영원토록 네가 열매를 맺지 못하리라 하시니 무화과나무가 곧 마른지라"

왜 이 무화과나무는 열매를 맺지 못하였을까요? 우리는 항상 그리스도 예수 안에 있어야 합니다. 예수님께서는 요한복음 14장 6절에서 "내가 곧 길이요 진리요 생명이니"라고 말씀하셨습니다. 길가가 아니라 길 안에 있어야 악한 자들이 와서 마음 밭에 뿌려진 씨를 빼앗아 가지 못합니다.

마 13:19 "아무나 천국 말씀을 듣고 깨닫지 못할 때는 악한 자가 와서 그 마음에 뿌려진 것을 빼앗나니 이는 곧 길가에 뿌려진 자요"

길가에 있으면 마귀에게 우리의 영원한 생명을 다 빼앗기고 영원히 열매를 맺을 수 없기 때문에 불에 들어갈 수밖에 없습니다.

마 3:10 "이미 도끼가 나무뿌리에 놓였으니 좋은 열매를 맺지 아니하는 나무마다 찍혀 불에 던져지리라"

우리 모두 그리스도 예수 안에서 좋은 땅에 심긴 나무가 되어 아름다운 열매를 백 배, 육십 배, 삼십 배로 결실하길 축원합니다.
우리가 맺어야 하는 성령의 열매는 아홉 가지입니다.

갈 5:22-23 "^{22}오직 성령의 열매는 사랑과 희락과 화평과 오래 참음과 자비와 양선과 충성과 ^{23}온유와 절제니 이 같은 것을 금지할 법이 없느니라"(참조: 약 3:17-18)

구약은 신약의 그림자이며, 39권으로 이루어져 있습니다[삼(3)=확실하다, 구(9)=구원, 성령의 열매 9가지].
사랑하는 성도 여러분 생명의 빛이 비치는 이때에 영이 깨어나서 하나님의 말씀, 천국 복음을 깨닫고 믿음이 그리스도의 장성한 분량에까지 자라나 아름다운 좋은 열매를 맺어 천국 곳간에 들어갈 수 있는 하나님의 자녀들이 다 되시길 축원합니다.

새 포도주는 새 가죽 부대에

마 9:17 "새 포도주를 낡은 가죽 부대에 넣지 아니하나니 그렇게 하면 부대가 터져 포도주도 쏟아지고 부대도 버리게 됨이라"

교회에 오래 다니면서 예수님을 믿는다는 신도들이 총명이 어두워지고 마음이 굳어짐으로 세상에서 죄를 짓고 다녀 세상 사람들에게 손가락질을 당하는 것은, 유혹의 욕심을 따라 썩어져 가는 옛사람 그대로인 채로 교회에 다니기 때문입니다(엡 4:22).

그렇다면 구체적인 이유가 무엇입니까?

1. 탐심으로 인하여 옛사람을 벗지 못하기 때문입니다.

엡 4:22 "너희는 유혹의 욕심을 따라 썩어져 가는 구습을 따르는 옛사람을 벗어 버리고"

그래서 예수님을 영접하고 믿는 자들은 땅에 있는 지체를 십자가에 못 박아야 합니다.

골 3:5 "그러므로 땅에 있는 지체를 죽이라 곧 음란과 부정과 사욕과 악한 정욕과 탐심이니 탐심은 우상 숭배니라"

2. '선생'들에게 예수에 대하여 배우기 때문입니다.

고전 4:15 "그리스도 안에서 일만 스승이 있으되 아버지는 많지 아니하니 그리스도 예수 안에서 내가 복음으로써 너희를 낳았음이라"(참조: 먼저 거듭나야 함)

복음에만 하나님의 의가 되시는 예수님이 나타납니다.

롬 1:17 "복음에는 하나님의 의가 나타나서 믿음으로 믿음에 이르게 하나니 기록된바 오직 의인은 믿음으로 말미암아 살리라 함과 같으니라"

선생은 가르치기는 잘 하는데 애를 낳지 못합니다. 어떠한 선생들이 그러합니까?

행 18:24-25 "[24]알렉산드리아에서 난 아볼로라 하는 유대인이 에베소에 이르니 이 사람은 언변이 좋고 성경에 능통한 자라 [25]그가 일찍이 주의 도를 배워 열심으로 예수에 관한 것을 자세히 말하며 가르치나 요한의 세례만 알 따름이라"(참조: 배우는 것이 아니라 깨달아야 함)

선생들에게 배우면 나타나는 현상은 무엇일까요?

사 29:13 "주께서 이르시되 이 백성이 입으로는 나를 가까이하며 입술로는 나를 공경하나 그들의 마음은 내게서 멀리 떠났나니 그들이 나를 경외함은 사람의 계명으로 가르침을 받았을 뿐이라"

교회의 마당만 밟고 얼굴만 보이려 교회에 오게 됩니다. 하나님은 이런 일에 분노하십니다.

사 1:12 "너희가 내 앞에 보이러 오니 이것을 누가 너희에게 요구하였느냐 내 마당만 밟을 뿐이니라"(참조: 계 11:2-성전 밖 마당)

듣기만 하는 믿음을 갖게 됩니다.

욥 42:5 "내가 주께 대하여 귀로 듣기만 하였사오나 이제는 눈으로 주를 뵈옵나이다"(참조: 요 4:41-42-사마리아인들.)

많은 사람들이 한 귀로 듣고 다른 한 귀로 하나님의 말씀을 다 흘려 버립니다. 이러한 사람들을 성경에서는 혈루증 여인이라고 합니다(참조: 마 9:20-22).

이런 사람들은 자기 죄가 하나님과의 사이를 가려서 하나님께서 듣지 못하시게 만듭니다.

사 59:1-2 "¹여호와의 손이 짧아 구원하지 못하심도 아니요 귀가 둔하여 듣지 못하심도 아니라 ²오직 너희 죄악이 너희와 너희 하나님 사이를 갈라 놓았고 너희 죄가 그의 얼굴을 가리어서 너희에게서 듣지 않으시게 함이니라"

이런 사람들에게는 새 포도주를 부어 봤자 구멍 난 전대에 삯을 넣는 것과 같으며, 그 자신이 좀먹은 의복과 같습니다.

학 1:6 "너희가 많이 뿌릴지라도 수확이 적으며 먹을지라도 배부르지 못하며 마실지라도 흡족하지 못하며 입어도 따뜻하지 못하며 일꾼이 삯을 받아도 그것을 구멍 뚫어진 전대에 넣음이 되느니라"

욥 13:28 "나는 썩은 물건의 낡아짐 같으며 좀먹은 의복 같으니이다"

우리는 예수님의 말씀대로 새 포도주는 새 가죽 부대에 부어야 하며, 하나님의 아들이신 예수님을 바로 알아야 합니다.
욥도 이렇게 고백합니다.

욥 14:21 "그의 아들들이 존귀하게 되어도 그가 알지 못하며 그들이 비천하게 되어도 그가 깨닫지 못하나이다"(참조: 요 1:5)

새 포도주를 새 가죽 부대에 부으려면 먼저 우리가 가죽옷을 입어야 합니다. 가죽옷은 오직 하나님께서만 입혀 주십니다.

창 3:21 "여호와 하나님이 아담과 그의 아내를 위하여 가죽옷을 지어 입히시니라"(참조: 가죽옷=양, 아담은 알고 있음, 자신이 짐승들의 이름을 지음-창 2:19-20)

가죽옷을 입을 수 있는 것은 하나님의 은혜이며 선물입니다.
가죽옷을 입으려면 예수님을 내 마음에 영접해야 합니다.

요 1:12-13 "¹²영접하는 자 곧 그 이름을 믿는 자들에게는 하나님의 자녀가 되는 권세를 주셨으니 ¹³이는 혈통으로나 육정으로나 사람의 뜻으로 나지 아니하고 오직 하나님께로부터 난 자들이니라"(참조: 하나님께로부터 난 자들에게 가죽옷을 입혀 주심)

또 죄 사함을 받아야 합니다.

엡 1:7 "우리는 그리스도 안에서 그의 은혜의 풍성함을 따라 그의 피로 말미암아 속량 곧 죄 사함을 받았느니라"

그래서 예수님께서 십자가에서 다 이루시고(요 19:30) 옆구리를 통하여 피와 물을 흘려 주셨습니다.

요 19:34 "그중 한 군인이 창으로 옆구리를 찌르니 곧 피와 물이 나오더라"

피는 곧 생명입니다.

레 17:11 "육체의 생명은 피에 있음이라 내가 이 피를 너희에게 주어 제단에 뿌려 너희의 생명을 위하여 속죄하게 하였나니 생명이 피에 있으므로 피가 죄를 속하느니라"

그리고 세례를 받아야 그리스도의 옷을 입을 수 있습니다.

갈 3:27 "누구든지 그리스도와 합하기 위하여 세례를 받은 자는 그리

스도로 옷 입었느니라"(기름 부음 받은 옷=가죽옷)

이렇게 그리스도의 옷을 입은 자들은 심령이 새로워져 하나님의 의와 진리를 따르며 순종합니다.

엡 4:23-24 "²³오직 너희의 심령이 새롭게 되어 ²⁴하나님을 따라 의와 진리의 거룩함으로 지으심을 받은 새사람을 입으라"

그렇게 되면 하나님의 생명의 빛이 비치기 시작합니다.

요 1:9 "참빛 곧 세상에 와서 각 사람에게 비추는 빛이 있었나니"

그리스도의 옷을 입은 자들은 빛 가운데 거하며 행해야 합니다.

요일 1:7 "그가 빛 가운데 계신 것같이 우리도 빛 가운데 행하면 우리가 서로 사귐이 있고 그 아들 예수의 피가 우리를 모든 죄에서 깨끗하게 하실 것이요"

이렇게 빛 가운데 거하고 행하면 마음의 눈이 열리기 시작하며 하나님의 경륜(엡 1:9)을 깨닫게 됩니다.

엡 1:18-19 "¹⁸너희 마음의 눈을 밝히사 그의 부르심의 소망이 무엇이며 성도 안에서 그 기업의 영광의 풍성함이 무엇이며 ¹⁹그의 힘의 위력으로 역사하심을 따라 믿는 우리에게 베푸신 능력의 지극히 크심이 어떠한 것을 너희로 알게 하시기를 구하노라"

이때부터 흑암의 권세에서 벗어나 하나님의 나라로 옮겨졌음을 체험할 수 있습니다.

골 1:13-14 "^{13}그가 우리를 흑암의 권세에서 건져 내사 그의 사랑의 아들의 나라로 옮기셨으니 ^{14}그 아들 안에서 우리가 속량 곧 죄 사함을 얻었도다"

또 새로운 피조물이 된 자신을 알게 됩니다.

고후 5:17 "그런즉 누구든지 그리스도 안에 있으면 새로운 피조물이라 이전 것은 지나갔으니 보라 새것이 되었도다"

이런 자들에게 하나님께서는 새로운 창조의 일을 행하시며, 광야에 길을, 사막에 강을 내어 주십니다.

사 43:18-19 "^{18}너희는 이전 일을 기억하지 말며 옛날 일을 생각하지 말라 ^{19}보라 내가 새 일을 행하리니 이제 나타낼 것이라 너희가 그것을 알지 못하겠느냐 반드시 내가 광야에 길을 사막에 강을 내리니"

이때부터 내 배에서 생수가 흘러나오기 시작합니다.

요 7:38 "나를 믿는 자는 성경에 이름과 같이 그 배에서 생수의 강이 흘러나오리라 하시니"

그러면 생명수를 아귀까지 채워야 합니다. 흙항아리에서 돌항아리로 거듭난 곳에 물을 아귀까지 부어야 물이 변하여 포도주가 됩니다(참조: 벧전 2:5-8-산 돌=예수님).

요 2:6-11 "⁶거기에 유대인의 정결 예식을 따라 두세 통 드는 돌항아리 여섯이 놓였는지라 ⁷예수께서 그들에게 이르시되 항아리에 물을 채우라 하신즉 아귀까지 채우니 ⁸이제는 떠서 연회장에게 갖다주라 하시매 갖다주었더니 ⁹연회장은 물로 된 포도주를 맛보고도 어디서 났는지 알지 못하되 물 떠온 하인들은 알더라 연회장이 신랑을 불러 ¹⁰말하되 사람마다 먼저 좋은 포도주를 내고 취한 후에 낮은 것을 내거늘 그대는 지금까지 좋은 포도주를 두었도다 하니라 ¹¹예수께서 이 첫 표적을 갈릴리 가나에서 행하여 그의 영광을 나타내시매 제자들이 그를 믿으니라"(참조: 천국 비밀, 요 2:1-4-때, 흙항아리가 거듭나지 않았음, 그 '때'를 예수님께서는 기다림, 돌항아리로 거듭나기까지는 육신의 생각에 사로잡힘, 돌항아리 여섯은 거듭난 피조물, 그래서 새 포도주는 새 가죽 부대에 부어야 함)

이러한 체험을 통하여 표적이 나타나기 시작합니다. 예수님의 역사가 나를 통하여 나타납니다(참조: 표적=겉으로 나타난 흔적).

행 4:13-17 "¹³그들이 베드로와 요한이 담대하게 말함을 보고 그들을 본래 학문 없는 범인으로 알았다가 이상히 여기며 또 전에 예수와 함께 있던 줄도 알고 ¹⁴또 병 나은 사람이 그들과 함께 서 있는 것을 보고 비난할 말이 없는지라 ¹⁵명하여 공회에서 나가라 하고 서로 의논하여 이르되 ¹⁶이 사람들을 어떻게 할까 그들로 말미암아 유명한 표적 나타난 것이 예루살렘에 사는 모든 사람에게 알려졌으니 우리도 부인

할 수 없는지라 ¹⁷이것이 민간에 더 퍼지지 못하게 그들을 위협하여 이 후에는 이 이름으로 아무에게도 말하지 말게 하자 하고"

오늘날에도 살아서 역사하시는 주님께서는(히 13:8) 우리의 입술을 주장하시며 지식과 지혜와 은혜로 늘 풍족히 채워 주십니다.

고전 1:5-7 "⁵이는 너희가 그 안에서 모든 일 곧 모든 언변과 모든 지식에 풍족하므로 ⁶그리스도의 증거가 너희 중에 견고하게 되어 ⁷너희가 모든 은사에 부족함이 없이 우리 주 예수 그리스도의 나타나심을 기다림이라"

이제 우리는 하나님과 그의 아들 예수 그리스도를 믿는 것과 아는 일에 하나가 되어 그리스도의 장성한 분량에까지 자라야 합니다.

엡 4:13 "우리가 다 하나님의 아들을 믿는 것과 아는 일에 하나가 되어 온전한 사람을 이루어 그리스도의 장성한 분량이 충만한 데까지 이르리니"

오늘날 많은 사람들이 예수님을 믿으며 섬기는 것에는 열심을 내면서도 정작 예수님은 알려고 하지 않으며, 영적인 생명의 말씀에도 관심을 갖지 않습니다.
그러나 예수님은 말씀이 육신이 되어 우리 가운데 오신 분이며(요 1:14) 태초부터 계신 하나님이라는 것을 분명히 기억해야 합니다.

요 1:1 "태초에 말씀이 계시니라 이 말씀이 하나님과 함께 계셨으니

이 말씀은 곧 하나님이시니라"

이 말씀을 듣는 데서 더 나아가 눈으로 보고 만진 바가 되었을 때 물이 변하여 포도주가 된, 영이요 생명의 말씀 곧 천국 복음이 내 입을 통하여 넘쳐 흘러, 이웃들에게도 나누어 줌으로 함께 혼인 잔치, 천국 잔치를 즐길 수 있습니다.

요일 1:1-3 "¹태초부터 있는 생명의 말씀에 관하여는 우리가 들은 바요 눈으로 본 바요 자세히 보고 우리의 손으로 만진 바라 ²이 생명이 나타내신 바 된지라 이 영원한 생명을 우리가 보았고 증언하여 너희에게 전하노니 이는 아버지와 함께 계시다가 우리에게 나타내신 바 된 이시니라 ³우리가 보고 들은 바를 너희에게도 전함은 너희로 우리와 사귐이 있게 하려 함이니 우리의 사귐은 아버지와 그의 아들 예수 그리스도와 더불어 누림이라"

이렇게 변화된 자들의 입에서 나오는 말씀에는 생명이 있어 살아서 역사하므로 많은 사람들을 변화시키며 병을 치유하는 표적이 나타나 사람들을 그리스도의 몸 된 교회로 인도합니다.

단 12:3 "지혜 있는 자는 궁창의 빛과 같이 빛날 것이요 많은 사람을 옳은 데로 돌아오게 한 자는 별과 같이 영원토록 빛나리라"

예수님과 생명수

삼하 23:13-17 "또 삼십 두목 중 세 사람이 곡식 벨 때에 아둘람 굴에 내려가 다윗에게 나아갔는데 때에 블레셋 사람의 한 무리가 르바임 골짜기에 진 쳤더라 그때에 다윗은 산성에 있고 그때에 블레셋 사람의 요새는 베들레헴에 있는지라 다윗이 소원하여 이르되 베들레헴 성문 곁 우물물을 누가 내게 마시게 할까 하매 세 용사가 블레셋 사람의 진영을 돌파하고 지나가서 베들레헴 성문 곁 우물 물을 길어 가지고 다윗에게로 왔으나 다윗이 마시기를 기뻐하지 아니하고 그 물을 여호와께 부어 드리며 이르되 여호와여 내가 나를 위하여 결단코 이런 일을 하지 아니하리이다 이는 목숨을 걸고 갔던 사람들의 피가 아니니이까 하고 마시기를 즐겨하지 아니하니라 세 용사가 이런 일을 행하였더라"(참조: 곡식 벨 때=추수할 때, 골짜기=교회, 사모=마음에 두고 그리워함, 피=생명, 레 17:11)

우리는 오늘날 교회가 마귀와의 영적 전쟁에서 패하고 그들에게 점령당해, 마귀와 귀신과 더러운 영들이 모이는 곳, 종교인들이 모이는 건물이 되어 성도가 아닌 신도들을 생산하고 있지는 않은지 한번 물어보아야 합니다.

계 18:2 "힘찬 음성으로 외쳐 이르되 무너졌도다 무너졌도다 큰 성 바벨론이여 귀신의 처소와 각종 더러운 영이 모이는 곳과 각종 더럽고 가증한 새들이 모이는 곳이 되었도다"

그리스도의 몸 된 교회인 성소가 마귀에게 점령당하여 그들의 영체가 됨으로 음녀가 물 위에 앉아서 생명수는 못 먹게 하고 세상 물을 주면서 멸망의 길로 끌고 가고 있습니다(참조: 영체=본거지).

계 17:1 "또 일곱 대접을 가진 일곱 천사 중 하나가 와서 내게 말하여 이르되 이리 오라 많은 물 위에 앉은 큰 음녀가 받을 심판을 네게 보이리라"

세상 물이 있는 곳에는 까마귀들이 들락거리면서 육신의 떡과 고기를 물어다 주어 먹게 하여 육신적인 사람으로 만들어 멸망의 길로 끌고 갑니다(참조: 까마귀는 부정한 것임, 레 11:13-15).

왕상 17:6 "까마귀들이 아침에도 떡과 고기를, 저녁에도 떡과 고기를 가져왔고 그가 시냇물을 마셨으나"

까마귀는 세상 물이 있는 곳에만 들락거리면서 육신적인 떡과 고기를 물어다 주어서, 교회를 육신적인 사람들이 모이는 하나의 단체로 전락하게 만들어 버립니다.

창 8:7 "까마귀를 내놓으매 까마귀가 물이 땅에서 마르기까지 날아 왕래하였더라"

그래서 하나님께서는 오늘날 사르밧 과부의 집으로 찾아가라고 하십니다.

왕상 17:9 "너는 일어나 시돈에 속한 사르밧으로 가서 거기 머물라 내가 그곳 과부에게 명령하여 네게 음식을 주게 하였느니라"

왜 하나님께서는 사르밧 과부의 집으로 엘리야 선지자를 보내셨을까요?
사르밧 과부의 집에만 가루와 기름과 하나님의 아들이 있었습니다. 마지막 때 내 안에 가루와 기름과 아들이신 예수님이 있어야 합니다. 그래야 영적 전쟁에서 이길 수 있습니다.
오늘날 교회가 영적 전쟁에 져서 점령당함으로 음녀가 물 위에 앉아서 주는 물을 먹음으로, 교회가 세상과 구별되지 않고 조상으로부터 내려오는 유전과 풍습을 좇고 있는 것입니다.

요 4:12 "우리 조상 야곱이 이 우물을 우리에게 주셨고 또 여기서 자기와 자기 아들들과 짐승이 다 마셨는데 당신이 야곱보다 더 크니이까"

지금은 조상으로부터 내려오는 물을 먹을 때가 아니라 예수님께서 주시는 생명수를 먹어야 할 때입니다.

시 29:3 "여호와의 소리가 '물' 위에 있도다 영광의 하나님이 우렛소리를 내시니 여호와는 많은 물 위에 계시도다"

이 물은 하나님과 어린양의 보좌로부터 흘러내리는 것입니다.

계 22:1 "또 그가 수정같이 맑은 생명수의 강을 내게 보이니 하나님과 및 어린양의 보좌로부터 나와서"(참조: 겔 47:1)

예수님께서 주시는 생명수만이 우리를 살립니다. 이 물을 마셔야 하는데, 오늘날 성소가 마귀에게 점령당하여 음녀가 주는 물을 먹음으로 마른 뼈들이 되었습니다(음녀가 주는 물에는 생명이 없음).

겔 37:1-3 "¹여호와께서 권능으로 내게 임재하시고 그의 영으로 나를 데리고 가서 골짜기 가운데 두셨는데 거기 뼈가 가득하더라 ²나를 그 뼈 사방으로 지나가게 하시기로 본즉 그 골짜기 지면에 뼈가 심히 많고 아주 말랐더라 ³그가 내게 이르시되 인자야 이 뼈들이 능히 살 수 있겠느냐 하시기로 내가 대답하되 주 여호와여 주께서 아시나이다"

음녀가 주는 다른 물(복음)은 무엇입니까?

고후 11:4 "만일 누가 가서 우리가 전파하지 아니한 다른 예수를 전파하거나 혹은 너희가 받지 아니한 다른 영을 받게 하거나 혹은 너희가 받지 아니한 다른 복음을 받게 할 때에는 너희가 잘 용납하는구나"

갈 1:6-7 "⁶그리스도의 은혜로 너희를 부르신 이를 이같이 속히 떠나 다른 복음을 따르는 것을 내가 이상하게 여기노라 ⁷다른 복음은 없나니 다만 어떤 사람들이 너희를 교란하여 그리스도의 복음을 변하게 하려 함이라"

이렇게 다른 복음을 듣고 믿는 자들의 믿음은 어떠합니까?

사 29:13 "주께서 이르시되 이 백성이 입으로는 나를 가까이하며 입술로는 나를 공경하나 그들의 마음은 내게서 멀리 떠났나니 그들이 나를 경외함은 사람의 계명으로 가르침을 받았을 뿐이라"

사람의 계명과 지식과 지혜로 주는 말씀을 먹는 자들은 마음이 굳어져 하나님의 생명에서 떠나 있기 때문에 하나님께서 볼 때 마른 뼈들이란 것입니다.

엡 4:18 "그들의 총명이 어두워지고 그들 가운데 있는 무지함과 그들의 마음이 굳어짐으로 말미암아 하나님의 생명에서 떠나 있도다"(참조: 눅 5:6-8-고기들, 그물)

그러므로 우리는 오늘날 하나님께서 주시는 성소에서 흘러내리는 생명수를 마셔야 합니다(생명수=예수님=생기, 창 2:7; 겔 37:9).

오늘날 다윗이 먹고자 소원했던 생명수는 어디에 있습니까?

삼하 23:15 "다윗이 소원하여 이르되 베들레헴 성문 곁 우물물을 누가 내게 마시게 할까 하매"

왜 다윗은 베들레헴에 있는 우물물을 먹고 싶어 하였을까요? 베들레헴 성소에서 흘러나온 물은 하나님께서 주시는 생명수였기 때문입니다.

겔 47:1 "그가 나를 데리고 성전 문에 이르시니 성전의 앞면이 동쪽을 향하였는데 그 문지방 밑에서 물이 나와 동쪽으로 흐르다가 성전 오른쪽 제단 남쪽으로 흘러내리더라"

오늘날에도 성소에서 흘러나오는 생명수를 먹어야 하며, 생수의 근원이신 여호와 하나님을 버리는 자는 수치를 당하며 흙으로 돌아간다는 것을 명심하기 바랍니다.

렘 17:13 "이스라엘의 소망이신 여호와여 무릇 주를 버리는 자는 다 수치를 당할 것이라 무릇 여호와를 떠나는 자는 흙에 기록이 되오리니 이는 생수의 근원이신 여호와를 버림이니이다"

그래서 다윗은 베들레헴의 우물물이 마시고 싶었던 것입니다. 그렇다면 베들레헴이 뜻하는 바는 무엇입니까?

미 5:2 "베들레헴 에브라다야 너는 유다 족속 중에 작을지라도 이스라엘을 다스릴 자가 네게서 내게로 나올 것이라 그의 근본은 상고에, 영원에 있느니라"(참조: 베들레헴=빵집, 떡집)

눅 2:1-5 "¹그때에 가이사 아구스도가 영을 내려 천하로 다 호적하라 하였으니 ²이 호적은 구레뇨가 수리아 총독이 되었을 때에 처음 한 것이라 ³모든 사람이 호적하러 각각 고향으로 돌아가매 ⁴요셉도 다윗의 집 족속이므로 갈릴리 나사렛 동네에서 유대를 향하여 베들레헴이라 하는 다윗의 동네로 ⁵그 약혼한 마리아와 함께 호적하러 올라가니 마리아가 이미 잉태하였더라"

이제는 갈릴리 나사렛 동네에서 베들레헴(떡집)으로 갈 때입니다. 호적하러 갈 때는 내 안에 임마누엘 하신 예수님이 있어야 한다는 것을 영적으로 깨닫기 바랍니다.

베들레헴은 떡집이고, 우리를 다스릴 자가 있는 곳이며, 생명수가 흘러 나오는 곳이며, 호적하러 가야 할 곳입니다. 그런데 오늘날의 현실은 마귀(블레셋)의 군대가 그곳을 점령하고 영체(본거지)로 쓰고 있습니다.

그러면 오늘날 생명수를 먹기 위해서는 어떻게 해야 합니까?

본문(삼하 23:13-17)에 나오는 삼십 두목 중 세 용사처럼 목숨을 걸고 마귀와 싸워 이겨야 생명수를 먹을 수 있습니다.

마귀와 싸워 이기기 위해서는 어떻게 해야 합니까?

1. 세 용사처럼 우리도 영적으로 그리스도의 장성한 분량에까지 자라야 합니다.

엡 4:13 "우리가 다 하나님의 아들을 믿는 것과 아는 일에 하나가 되어 온전한 사람을 이루어 그리스도의 장성한 분량이 충만한 데까지 이르리니"

호 6:6 "나는 인애를 원하고 제사를 원하지 아니하며 번제보다 하나님을 아는 것을 원하노라"(인애=성도의 경건)

2. 전신갑주를 취해야 합니다.

엡 6:13-17 "¹³그러므로 하나님의 전신갑주를 취하라 이는 악한 날에 너희가 능히 대적하고 모든 일을 행한 후에 서기 위함이라 ¹⁴그런즉 서서 진리로 너희 허리띠를 띠고 의의 호심경을 붙이고 ¹⁵평안의 복음이 준비한 것으로 신을 신고 ¹⁶모든 것 위에 믿음의 방패를 가지고 이로써 능히 악한 자의 모든 불화살을 소멸하고 ¹⁷구원의 투구와 성령의 검 곧 하나님의 말씀을 가지라"

3. 훈련을 받아야 합니다.

창 14:14-16 "¹⁴아브람이 그의 조카가 사로잡혔음을 듣고 집에서 길리고 훈련된 자 삼백십팔 명을 거느리고 단까지 쫓아가서 ¹⁵그와 그의 가신들이 나뉘어 밤에 그들을 쳐부수고 다메섹 왼편 호바까지 쫓아가 ¹⁶모든 빼앗겼던 재물과 자기의 조카 롯과 그의 재물과 또 부녀와 친척을 다 찾아왔더라"

4. 야간 전투를 하기 위해서는 등불인 하나님의 말씀을 내 안에 가져야 합니다(임마누엘 신앙).

시 119:105 "주의 말씀은 내 발에 등이요 내 길에 빛이니이다"

밤에 전투를 하기 위해서는 빛이신 예수님이 내 안에 있어야 합니다.

요 1:14 "말씀이 육신이 되어 우리 가운데 거하시매 우리가 그의 영광을 보니 아버지의 독생자의 영광이요 은혜와 진리가 충만하더라"

이러한 자들이 생명의 말씀으로 마귀의 영과 혼과 관절과 골수를 찔러 쪼갤 수 있으며, 또 그들의 마음과 생각을 다 알기 때문에 영적 전쟁에서 이기고 베들레헴 성소에서 나오는 생명수를 먹을 수 있습니다.

> 히 4:12 "하나님의 말씀은 살아 있고 활력이 있어 좌우에 날 선 어떤 검보다도 예리하여 혼과 영과 및 관절과 골수를 찔러 쪼개기까지 하며 또 마음의 생각과 뜻을 판단하나니"

늘 영적 전쟁에서 승리하는 우리 모두가 되길 주님의 이름으로 축원합니다.

예수님이 주시는 생명수

요 4:14 "내가 주는 물을 마시는 자는 영원히 목마르지 아니하리니 내가 주는 물은 그 속에서 영생하도록 솟아나는 샘물이 되리라"

성경에서 물은 두 종류가 있습니다. 궁창 위의 물과 궁창 아래의 물입니다. 생명을 살리는 물과 그렇지 않은 물이 있습니다.

창 1:7 "하나님이 궁창을 만드사 궁창 아래의 물과 궁창 위의 물로 나뉘게 하시니 그대로 되니라"

궁창 위의 물이 생명을 살리는 물입니다.

계 22:1-2 "¹또 그가 수정같이 맑은 생명수의 강을 내게 보이니 하나님과 및 어린양의 보좌로부터 나와서 ²길 가운데로 흐르더라 강 좌우에 생명나무가 있어 열두 가지 열매를 맺되 달마다 그 열매를 맺고 그 나무 잎사귀들은 만국을 치료하기 위하여 있더라"(참조: 겔 47:12)

겔 47:1-2 "¹그가 나를 데리고 성전 문에 이르시니 성전의 앞면이 동쪽을 향하였는데 그 문지방 밑에서 물이 나와 동쪽으로 흐르다가 성전 오른쪽 제단 남쪽으로 흘러내리더라 ²그가 또 나를 데리고 북문으로 나가서 바깥 길로 꺾어 동쪽을 향한 바깥문에 이르시기로 본즉 물이 그 오른쪽에서 스며 나오더라"(참조: 삼하 23:1-베들레헴 성문 곁 우물물)

이 생명수는 오직 하나님 전에 엎드리는 자들만 먹을 수 있습니다.

요 19:34 "그중 한 군인이 창으로 옆구리를 찌르니 곧 피와 물이 나오더라"(참조: 레 17:11; 엡 5:26)

예수님께서 십자가에서 고난 가운데 흘려 주신 피와 물이 영원히 목 마르지 않고 영생에 이르게 하는 생명수입니다. 오직 궁창 위에서 내려오는 생명수에만 하나님께서 함께하십니다.

시 29:3 "여호와의 소리가 물 위에 있도다 영광의 하나님이 우렛소리를 내시니 여호와는 많은 물 위에 계시도다"

생명수를 먹어야 하는 이유와 그 목적은 무엇일까요?
만물보다 더러운 우리의 마음을 씻어 내기 위해서입니다. 생명수를 마시고 깨끗이 씻어 청결한 마음, 선한 양심으로 하나님을 찾으며 사랑의 교제를 나누기 위함입니다.

렘 17:9 "만물보다 거짓되고 심히 부패한 것은 마음이라 누가 능히 이를 알리요마는"

딤전 1:5 "이 교훈의 목적은 청결한 마음과 선한 양심과 거짓이 없는 믿음에서 나오는 사랑이거늘"

예수님을 믿는 그리스도 안에서의 사랑이 거짓 없는 진실한 사랑입니다.

요일 3:23 "그의 계명은 이것이니 곧 그 아들 예수 그리스도의 이름을 믿고 그가 우리에게 주신 계명대로 서로 사랑할 것이니라"

그래서 궁창 위에서 내려오는 생명수가 우리에게 매우 중요합니다.

벧전 3:21 "물은 예수 그리스도께서 부활하심으로 말미암아 이제 너희를 구원하는 표니 곧 세례라 이는 육체의 더러운 것을 제하여 버림이 아니요 하나님을 향한 선한 양심의 간구니라"

이 생명수를 먹기 위해서는 예수님께 접붙임이 되어야 합니다.

롬 11:17 "또한 가지 얼마가 꺾이었는데 돌감람나무인 네가 그들 중에 접붙임이 되어 참감람나무 뿌리의 진액을 함께 받는 자가 되었은즉"

접붙임 되어 진액을 잘 빨아먹고 나무에서 떨어지지 않아야 합니다(참조: 벧전 1:23).

요 15:5 "나는 포도나무요 너희는 가지라 그가 내 안에, 내가 그 안에 거하면 사람이 열매를 많이 맺나니 나를 떠나서는 너희가 아무것도

할 수 없음이라"

접붙임 된 가지는 자랑하지 말고 겸손해야 합니다.

롬 11:18 "그 가지들을 향하여 자랑하지 말라 자랑할지라도 네가 뿌리를 보전하는 것이 아니요 뿌리가 너를 보전하는 것이니라"

생명수를 먹는 자는 푯대가 뚜렷해야 합니다.

빌 3:14 "푯대를 향하여 그리스도 예수 안에서 하나님이 위에서 부르신 부름의 상을 위하여 달려가노라"

수 1:7 "오직 강하고 극히 담대하여 나의 종 모세가 네게 명령한 그 율법을 다 지켜 행하고 우로나 좌로나 치우치지 말라 그리하면 어디로 가든지 형통하리니"

우리의 믿음이 강해지려면 자라야 합니다. 자라갈 때 하나님께서 하늘의 지혜와 은혜를 베풀어 줍니다.

눅 2:40 "아기가 자라며 강하여지고 지혜가 충만하며 하나님의 은혜가 그의 위에 있더라"

아기는 사랑 안에서 자라나야 합니다(사랑 안에는 거짓이 없음).

엡 4:15 "오직 사랑 안에서 참된 것을 하여 범사에 그에게까지 자랄지라 그는 머리니 곧 그리스도라"

그래서 하나님의 아들을 믿는 것과 아는 일에 하나가 되어 그리스도의 장성한 분량에까지 자라나 온전한 하나님의 형상을 입은 사람들이 되어야 합니다.

엡 4:13 "우리가 다 하나님의 아들을 믿는 것과 아는 일에 하나가 되어 온전한 사람을 이루어 그리스도의 장성한 분량이 충만한 데까지 이르리니"

생명수를 마시면 어떤 결과가 나옵니까?

창 18:10 "그가 이르시되 내년 이맘때 내가 반드시 네게로 돌아오리니 네 아내 사라에게 아들이 있으리라 하시니 사라가 그 뒤 장막 문에서 들었더라"

영적 자녀를 낳게 됩니다. 영적 자녀를 많이 낳아야 하나님께서도 기뻐하십니다.

요 8:56 "너희 조상 아브라함은 나의 때 볼 것을 즐거워하다가 보고 기뻐하였느니라"(말씀이 육신이 되신 예수님이 잉태됨)

오늘날 영적 자녀를 못 낳는 선생들이 너무 많습니다.

고전 4:15 "그리스도 안에서 일만 스승이 있으되 아비는 많지 아니하니 그리스도 예수 안에서 내가 복음으로써 너희를 낳았음이라"(참조:

신 11:12-아비)

사도 바울은 믿음 안에서 참 아들 된 디모데를 낳았습니다(딤전 1:2).

몬 1:10 "갇힌 중에서 낳은 아들 오네시모를 위하여 네게 간구하노라"

사도 바울이 옥중에서 오네시모를 낳았듯이, 그리스도 예수 안에서 수고하는 아비 같은 목자들은 영적 자녀들 속에서 예수 그리스도의 형상이 이루어지기까지 열심으로 생명수를 먹여야 합니다.

갈 4:19 "나의 자녀들아 너희 속에 그리스도의 형상을 이루기까지 다시 너희를 위하여 해산하는 수고를 하노니"

하나님께서는 이런 자들에게 하늘의 기업을 주십니다.

신 26:1-2 "^{1}네 하나님 여호와께서 네게 기업으로 주어 차지하게 하실 땅에 네가 들어가서 거기에 거주할 때에 ^{2}네 하나님 여호와께서 네게 주신 땅에서 그 토지의 모든 소산의 맏물을 거둔 후에 그것을 가져다가 광주리에 담고 네 하나님 여호와께서 그의 이름을 두시려고 택하신 곳으로 그것을 가지고 가서"(참조: 마 15:37-광주리=땅에서 거둔 것)

신 26:10-11 "^{10}여호와여 이제 내가 주께서 내게 주신 토지 소산의 맏물을 가져왔나이다 하고 너는 그것을 네 하나님 여호와 앞에 두고 네 하나님 여호와 앞에 경배할 것이며 ^{11}네 하나님 여호와께서 너와 네 집에 주신 모든 복으로 말미암아 너는 레위인과 너희 가운데에 거류하는 객

과 함께 즐거워할지니라"(참조: 레위인=연합, 하나님 전에서 일하는 자)

이런 자들이 하나님의 소망이고 영광이며, 기쁨이고 자랑입니다.

살전 2:19-20 "[19]우리의 소망이나 기쁨이나 자랑의 면류관이 무엇이냐 그가 강림하실 때 우리 주 예수 앞에 너희가 아니냐 [20]너희는 우리의 영광이요 기쁨이니라"

그래서 하나님께서는 오늘도 우리를 강건케 하시며, 천국 복음을 이방인들에게 전파하도록 마귀들 가운데서 보호하십니다.

딤후 4:17 "주께서 내 곁에 서서 나에게 힘을 주심은 나로 말미암아 선포된 말씀이 온전히 전파되어 모든 이방인이 듣게 하려 하심이니 내가 사자의 입에서 건짐을 받았느니라"

반면 궁창 아래의 물은 생명이 없는 물입니다.

계 12:15 "여자의 뒤에서 뱀이 그 입으로 물을 강같이 토하여 여자를 물에 떠내려가게 하려 하되"(여자=교회)

계 17:1 "또 일곱 대접을 가진 일곱 천사 중 하나가 와서 내게 말하여 이르되 이리로 오라 많은 물 위에 앉은 큰 음녀가 받을 심판을 네게 보이리라"

오늘날도 물 위에 큰 음녀(마귀)가 앉아서 여자(교회)가 물에 떠내려가도록 강같이 토하고 있습니다. 특히 추수할 시기에는 더욱더 토해 낸다는 것을 기억해야 합니다.

수 3:15 "요단이 곡식 거두는 시기에는 항상 언덕에 넘치더라 궤를 멘 자들이 요단에 이르며 궤를 멘 제사장들의 발이 물가에 잠기자"

음녀가 주는 궁창 아래의 물은 먹어도 먹어도 목이 마르며 만족을 느끼지 못합니다.

요 4:12 "우리 조상 야곱이 이 우물을 우리에게 주셨고 또 여기서 자기와 자기 아들들과 짐승이 다 마셨는데 당신이 야곱보다 더 크니이까"

음녀가 주는 물은 조상의 유전으로 하나님의 계명을 범하게 합니다.

마 15:3 "대답하여 이르시되 너희는 어찌하여 너희의 전통으로 하나님의 계명을 범하느냐"

사람의 지식과 지혜와 계명으로 가르칩니다.

사 29:13 "주께서 이르시되 이 백성이 입으로는 나를 가까이하며 입술로는 나를 공경하나 그들의 마음은 내게서 멀리 떠났나니 그들이 나를 경외함은 사람의 계명으로 가르침을 받았을 뿐이라"

마 7:21 "나더러 주여 주여 하는 자마다 다 천국에 들어갈 것이 아니요 다만 하늘에 계신 내 아버지의 뜻대로 행하는 자라야 들어가리라"

이들의 특징은 '다른 복음'에는 더욱더 열심을 낸다는 점입니다.

갈 1:6 "그리스도의 은혜로 너희를 부르신 이를 이같이 속히 떠나 다른 복음을 따르는 것을 내가 이상하게 여기노라"

하나님께서는 이런 자들에 대해 그들을 도무지 알지 못한다고 말씀하십니다.

마 25:12 "대답하여 이르되 진실로 너희에게 이르노니 내가 너희를 알지 못하노라 하였느니라"

그래서 우리는 생명수의 근원이신 여호와 하나님을 경외하고 사모해야 합니다.

렘 17:13 "이스라엘의 소망이신 여호와여 무릇 주를 버리는 자는 다 수치를 당할 것이라 무릇 여호와를 떠나는 자는 흙에 기록이 되오리니 이는 생수의 근원이신 여호와를 버림이니이다"

예수님을 영접하고 하나님을 믿는 우리는 사슴이 시냇물을 찾기에 갈급함같이 우리 영혼의 양식인 생명수를 찾기에 다윗과 같이 사모하는 마음을 가져야 합니다(참조: 삼하 23:15).

시 42:1 "하나님이여 사슴이 시냇물을 찾기에 갈급함같이 내 영혼이 주를 찾기에 갈급하니이다"

목마른 자들아, 물로 나아오라

사 55:1 "오호라 너희 모든 목마른 자들아 물로 나아오라 돈 없는 자도 오라 너희는 와서 사 먹되 돈 없이, 값없이 와서 포도주와 젖을 사라"

어제나 오늘이나 동일하시며 부활 생명으로 살아서 역사하시는 주님께서는 오늘도 생명수를 주시기 위하여 우리에게 초청장을 보내고 계십니다.

계 21:6-7 "⁶또 내게 말씀하시되 이루었도다 나는 알파와 오메가요 처음과 마지막이라 내가 생명수 샘물을 목마른 자에게 값없이 주리니 ⁷이기는 자는 이것들을 상속으로 받으리라 나는 그의 하나님이 되고 그는 내 아들이 되리라"

오직 예수님께서 주시는 생명수만이 세상 물과 달리 영원히 목마르지 않고, 내 배에서 솟아나는 생수의 강물이 되어 값없이 이웃에게도 나누어 줄 수 있습니다.

요 7:37-38 "³⁷명절 끝날 곧 큰 날에 예수께서 서서 외쳐 이르시되 누구든지 목마르거든 내게로 와서 마시라 ³⁸나를 믿는 자는 성경에 이름과 같이 그 배에서 생수의 강이 흘러나오리라 하시니"

이 물은 생수의 근원이신 여호와 하나님께로부터 흐르며, 이 생명수를 마시는 자들만 생명책에 기록될 수 있습니다.

렘 17:13 "이스라엘의 소망이신 여호와여 무릇 주를 버리는 자는 다 수치를 당할 것이라 무릇 여호와를 떠나는 자는 흙에 기록이 되오리니 이는 생수의 근원이신 여호와를 버림이니이다"(참조: 출 12:15)

생명수에만 여호와 하나님께서 함께하시기 때문입니다.

시 29:3 "여호와의 소리가 물 위에 있도다 영광의 하나님이 우렛소리를 내시니 여호와는 많은 물 위에 계시도다"

왜 하나님께서는 물로 나아오라고 하십니까?

벧전 3:21 "물은 예수 그리스도께서 부활하심으로 말미암아 이제 너희를 구원하는 표니 곧 세례라 이는 육체의 더러운 것을 제하여 버림이 아니요 하나님을 향한 선한 양심의 간구니라"

이 물이 하나님의 생명의 말씀이며, 말씀이 육신이 되어 우리 가운데 거하시는 예수님이십니다.

엡 5:26 "이는 곧 물로 씻어 말씀으로 깨끗하게 하사 거룩하게 하시고"

요 1:14 "말씀이 육신이 되어 우리 가운데 거하시매 우리가 그의 영광을 보니 아버지의 독생자의 영광이요 은혜와 진리가 충만하더라"(참조: 요 1:1)

왜 하나님께서는 물로 나아와 값없이, 돈 없이 포도주와 젖을 사라고 하셨습니까? 물로 나아온다는 것은 곧 생명의 말씀 가운데로 나아오는 것이며, 말씀이 육신이 되어 우리 가운데 오신 예수님께 나아오는 것입니다(참조: 사 55:1, 8-9).

마 26:27-29 "²⁷또 잔을 가지사 감사 기도 하시고 그들에게 주시며 이르시되 너희가 다 이것을 마시라 ²⁸이것은 죄 사함을 얻게 하려고 많은 사람을 위하여 흘리는바 나의 피 곧 언약의 피니라 ²⁹그러나 너희에게 이르노니 내가 포도나무에서 난 것을 이제부터 내 아버지의 나라에서 새것으로 너희와 함께 마시는 날까지 마시지 아니하리라 하시니라"(포도주=피=생명, 레 17:11)

포도주는 피를 의미하며, 피는 생명을 말합니다(레 17:11).
하나님께서는 우리에게 물(말씀, 예수님)로 나아와 값없이, 돈 없이 생명을 사라고 하시는 것입니다.

벧전 2:2 "갓난아기들같이 순전하고 신령한 젖을 사모하라 이는 그로 말미암아 너희로 구원에 이르도록 자라게 하려 함이라"(참조: 사 66:12, 젖=양식=영혼의 양식)

이 젖이 영혼의 양식이며 구원에 이르도록 자라게 합니다. 이 젖을 먹으면 만물보다 더러운 우리의 마음(렘 17:9)에 있는 말한 것들을 다 배설하게 됩니다(참조: 로고스=변함없는 레마, 성령).

오늘날 신령한 영의 양식인 젖을 먹지 않는 자가 많아서 교회가 그리스도 안에서 하나가 되지 못하고 시기와 비방하는 말과 악독과 궤휼이 가득한 것입니다. 그래서 순전하고 신령한 젖을 먹고 더러운 것을 배설해야 합니다.

> 벧전 2:1 "그러므로 모든 악독과 모든 기만과 외식과 시기와 모든 비방하는 말을 버리고"

그러면 어떻게 해야 생명수를 마실 수 있을까요? 하나님께서는 돈 없이, 값없이 와서 포도주와 젖을 사라고 하셨습니다(사다=대가를 지불하다).

예수님께서도 십자가에서 대가를 지불하고 우리를 사셨습니다.

> 고전 6:19-20 "[19]너희 몸은 너희가 하나님께로부터 받은바 너희 가운데 계신 성령의 전인 줄을 알지 못하느냐 너희는 너희 자신의 것이 아니라 [20] 값으로 산 것이 되었으니 그런즉 너희 몸으로 하나님께 영광을 돌리라"

예수님께서는 죽기까지 우리를 사랑하시며(롬 5:8) 십자가에서 대가를 지불하심으로 다 이루시고, 옆구리를 통하여 피와 물을 흘려 주셨습니다.

> 요 19:34 "그중 한 군인이 창으로 옆구리를 찌르니 곧 피와 물이 나오

더라"

예수님께서 십자가에서 흘려 주신 피와 물이 생명수입니다. 이 생명수를 마셔야만 영생이 있으며 구원을 이룰 수 있습니다(참조: 옆구리-창 35:11).

생명수를 마시려면 우리도 대가를 지불해야 합니다.

> 갈 2:20 "내가 그리스도와 함께 십자가에 못 박혔나니 그런즉 이제는 내가 사는 것이 아니요 오직 내 안에 그리스도께서 사시는 것이라 이제 내가 육체 가운데 사는 것은 나를 사랑하사 나를 위하여 자기 자신을 버리신 하나님의 아들을 믿는 믿음 안에서 사는 것이라"

내가 십자가에서 죽는다는 것은, 영적으로 나의 지체를 십자가에 못 박는다는 것을 의미합니다.

> 골 3:5 "그러므로 땅에 있는 지체를 죽이라 곧 음란과 부정과 사욕과 악한 정욕과 탐심이니 탐심은 우상 숭배니라"

그래야만 내가 부활하신 예수님과 연합하여 죄 없이함을 받고 생명수를 마실 수 있습니다.

> 롬 6:6-7 "⁶우리가 알거니와 우리의 옛사람이 예수와 함께 십자가에 못 박힌 것은 죄의 몸이 죽어 다시는 우리가 죄에게 종 노릇 하지 아니하려 함이니 ⁷이는 죽은 자가 죄에서 벗어나 의롭다 하심을 얻었음이라"

또 우리가 생명수를 마시려면 부활하신 예수님을 인격적으로 만나야 합니다(참조: 히 11:1-믿음이 실상).

히 13:8 "예수 그리스도는 어제나 오늘이나 영원토록 동일하시니라"

요 4:5-7 "⁵사마리아에 있는 수가라 하는 동네에 이르시니 야곱이 그 아들 요셉에게 준 땅이 가깝고 ⁶거기 또 야곱의 우물이 있더라 예수께서 길 가시다가 피곤하여 우물 곁에 그대로 앉으시니 때가 여섯 시쯤 되었더라 ⁷사마리아 여자 한 사람이 물을 길으러 왔으매 예수께서 물을 좀 달라 하시니"

예수님을 만나야 생명수를 받아 마실 수 있습니다.
사마리아 여인은 다른 물을 마시고, 다른 예배를 드리고 있었습니다.

요 4:12 "우리 조상 야곱이 이 우물을 우리에게 주셨고 또 여기서 자기와 자기 아들들과 짐승이 다 마셨는데 당신이 야곱보다 더 크니이까"

요 4:20 "우리 조상들은 이 산에서 예배하였는데 당신들의 말은 예배할 곳이 예루살렘에 있다 하더이다"

사마리아 여인은 조상으로부터 내려온 물을 마시며, 조상으로부터 유전된 방식으로 예배를 드리고 있었습니다. 예수님께서 여인에게 말씀하십니다.

마 15:3 "대답하여 이르시되 너희는 어찌하여 너희의 전통으로 하나님의 계명을 범하느냐"

마 7:21 "나더러 주여 주여 하는 자마다 다 천국에 들어갈 것이 아니요 다만 하늘에 계신 내 아버지의 뜻대로 행하는 자라야 들어가리라"

요 4:13-14 "13예수께서 대답하여 이르시되 이 물을 마시는 자마다 다시 목마르려니와 14내가 주는 물을 마시는 자는 영원히 목마르지 아니하리니 내가 주는 물은 그 속에서 영생하도록 솟아나는 샘물이 되리라"

사마리아 여인이 예수님께 요청합니다.

요 4:15 "여자가 이르되 주여 그런 물을 내게 주사 목마르지도 않고 또 여기 물 길으러 오지도 않게 하옵소서"

예수님은 뜻밖의 대답을 하십니다.

요 4:16 "이르시되 가서 네 남편을 불러오라"(대가 지불=회개)

이에 사마리아 여인이 무엇이라고 대답했습니까? 그리고 예수님은 또 뭐라고 말씀합니까?

요 4:17-18 "17여자가 대답하여 이르되 나는 남편이 없나이다 예수께서 이르시되 네가 남편이 없다 하는 말이 옳도다 18너에게 남편 다섯이 있었고 지금 있는 자도 네 남편이 아니니 네 말이 참되도다"

생명수를 마시기 위해서는 예수님을 인격적으로 만나야 하며, 나의 과거를 회개해야 합니다. 우리의 남편은 영원하신 예수님이기에 사마리아의 여인은 참으로 대답을 잘한 것입니다. 이런 자들이 물동이를 버리고 동네에 들어가서 전도할 수 있는 것입니다(물이 동하였음).

요 4:28-30 "28여자가 물동이를 버려두고 동네로 들어가서 사람들에게 이르되 29내가 행한 모든 일을 내게 말한 사람을 와서 보라 이는 그리스도가 아니냐 하니 30그들이 동네에서 나와 예수께로 오더라"

요 4:40-42 "40사마리아인들이 예수께 와서 자기들과 함께 유하시기를 청하니 거기서 이틀을 유하시매 41예수의 말씀으로 말미암아 믿는 자가 더욱 많아 42그 여자에게 말하되 이제 우리가 믿는 것은 네 말로 인함이 아니니 이는 우리가 친히 듣고 그가 참으로 세상의 구주신 줄 앎이라 하였더라"

이제는 예수님에 대하여 듣고 믿는 믿음에서 눈으로 보고 체험하고 믿는 믿음이 되길 축원합니다.

욥 42:5 "내가 주께 대하여 귀로 듣기만 하였사오나 이제는 눈으로 주를 뵈옵나이다"

38년 된 병자가 예수님을 만났습니다(베데스다=올리브의 집, 은혜의 집).

요 5:5-9 "5거기 서른여덟 해 된 병자가 있더라 6예수께서 그 누운 것을 보시고 병이 벌써 오래된 줄 아시고 이르시되 네가 낫고자 하느냐

⁷병자가 대답하되 주여 물이 움직일 때에 나를 못에 넣어 주는 사람이 없어 내가 가는 동안에 다른 사람이 먼저 내려가나이다 ⁸예수께서 이르시되 일어나 네 자리를 들고 걸어가라 하시니 ⁹그 사람이 곧 나아서 자리를 들고 걸어가니라"

(참조: 신 30:6-할례=생명)

예수님을 만나야 병을 치유받을 수 있습니다. 또 예수님을 만난 자가 다른 사람을 치유할 수 있습니다. 예수님을 만난 사마리아인만 강도 만난 자를 치유할 수 있었습니다.

눅 10:30-35 "³⁰예수께서 대답하여 이르시되 어떤 사람이 예루살렘에서 여리고로 내려가다가 강도를 만나매 강도들이 그 옷을 벗기고 때려 거의 죽은 것을 버리고 갔더라 ³¹마침 한 제사장이 그 길로 내려가다가 그를 보고 피하여 지나가고 ³²또 이와 같이 한 레위인도 그곳에 이르러 그를 보고 피하여 지나가되 ³³어떤 사마리아 사람은 여행하는 중 거기 이르러 그를 보고 불쌍히 여겨 ³⁴가까이 가서 기름과 포도주를 그 상처에 붓고 싸매고 자기 짐승에 태워 주막으로 데리고 가서 돌보아 주니라 ³⁵그 이튿날 그가 주막 주인에게 데나리온 둘을 내어 주며 이르되 이 사람을 돌보아 주라 비용이 더 들면 내가 돌아올 때에 갚으리라 하였으니"(참조: 요 4:40-42-사마리아인이 예수님을 만났음, 약 4:17 "사람이 선을 행할 줄 알고도 행하지 아니하면 죄니라", 마 20:1-2-포도원, 데나리온, 은 동전, 시 12:6; 마 13:33-주막=누룩, 천국)

예수님을 만난 자에게만 기름과 포도주와 데나리온이 있어서 강도 만난 자를 치유할 수 있었습니다.

좋은 열매를 맺자

마 3:10 "이미 도끼가 나무뿌리에 놓였으니 좋은 열매를 맺지 아니하는 나무마다 찍혀 불에 던져지리라"

도끼가 나무뿌리에 놓였는데, 왜 하나님께서는 찍어서 불에 넣지 않고 기다리십니까?

벧후 3:9 "주의 약속은 어떤 이들이 더디다고 생각하는 것같이 더딘 것이 아니라 오직 주께서는 너희를 대하여 오래 참으사 아무도 멸망하지 아니하고 다 회개하기에 이르기를 원하시느니라"(참조: 회개하고 돌이켜 좋은 열매 맺기를 기다리고 계심)

하나님께서는 사람을 흙으로 만드셨습니다.

마 7:20 "이러므로 그들의 열매로 그들을 알리라"

하나님께서는 우리가 다 회개하고 돌이켜 좋은 열매 맺기를 기다리시는 것입니다(참조: 벧후 3:8 하나님의 시간).

하나님께서는 성경에서 사람을 나무에 비유하고 있습니다.

사 5:7 "무릇 만군의 여호와의 포도원은 이스라엘 족속이요 그가 기뻐하시는 나무는 유다 사람이라 그들에게 정의를 바라셨더니 도리어 포학이요 그들에게 공의를 바라셨더니 도리어 부르짖음이었도다"

여호와 하나님께서는 좋은 열매 맺기를 바라셨으나, 유다 사람들은 나쁜 열매만 맺었습니다. 하나님께서는 그 사람의 열매를 보고 좋은 나무인지 못된 나무인지 구별하여, 좋은 열매를 맺지 못하는 못된 나무는 도끼로 찍어 불에 던져 넣으십니다.

마 7:16-19 "[16]그들의 열매로 그들을 알지니 가시나무에서 포도를, 또는 엉겅퀴에서 무화과를 따겠느냐 [17]이와 같이 좋은 나무마다 아름다운 열매를 맺고 못된 나무가 나쁜 열매를 맺나니 [18]좋은 나무가 나쁜 열매를 맺을 수 없고 못된 나무가 아름다운 열매를 맺을 수 없느니라 [19]아름다운 열매를 맺지 아니하는 나무마다 찍혀 불에 던져지느니라"

마 3:12 "손에 키를 들고 자기의 타작마당을 정하게 하사 알곡은 모아 곳간에 들이고 쭉정이는 꺼지지 않는 불에 태우시리라"

그래서 예수님을 영접하고 믿는 성도라면 좋은 나무가 되어 아름다운 좋은 열매를 맺어야 합니다(참조: 고전 3:9-밭).

예수님을 인격적으로 만나기 전 우리의 마음 밭은 어떠했습니까?

우리는 태어날 때부터 죄악 중에 출생하며, 죄 중에 잉태됩니다. 하나님의 말씀에 불순종하고 선악과를 따 먹은 죄인 된 아담의 형상을 닮았기 때문에(창 5:3) 땅의 지체를 갖고 태어납니다(골 3:5).

시 51:5 "내가 죄악 중에서 출생하였음이여 어머니가 죄 중에서 나를 잉태하였나이다"

다른 말로 원죄를 갖고 태어난다고 말합니다.

렘 17:9 "만물보다 거짓되고 심히 부패한 것은 마음이라 누가 능히 이를 알리요마는"

이런 자들의 지체를 통하여 나타나는 현상은 무엇입니까?

갈 5:19-21 "^{19}육체의 일은 분명하니 곧 음행과 더러운 것과 호색과 ^{20}우상 숭배와 주술과 원수 맺는 것과 분쟁과 시기와 분냄과 당 짓는 것과 분열함과 이단과 ^{21}투기와 술 취함과 방탕함과 또 그와 같은 것들이라 전에 너희에게 경계한 것같이 경계하노니 이런 일을 하는 자들은 하나님의 나라를 유업으로 받지 못할 것이요"

엡 2:2-3 "^{2}그때에 너희는 그 가운데서 행하여 이 세상 풍조를 따르고 공중의 권세 잡은 자를 따랐으니 곧 지금 불순종의 아들들 가운데서 역사하는 영이라 ^{3}전에는 우리도 다 그 가운데서 우리 육체의 욕심을 따라 지내며 육체와 마음의 원하는 것을 하여 다른 이들과 같이 본질상 진노의 자녀이었더니"

이런 자들은 하나님의 나라를 유업으로 받지 못하며, 또 입으로는 가시나무처럼 남들을 찔러 상처를 내고 속이고 훼방하고 미워하면서 남들 위에 군림하려고 합니다.

막 7:21-23 "^{21}속에서 곧 사람의 마음에서 나오는 것은 악한 생각 곧 음란과 도둑질과 살인과 ^{22}간음과 탐욕과 악독과 속임과 음탕과 질투와 비방과 교만과 우매함이니 ^{23}이 모든 악한 것이 다 속에서 나와서 사람을 더럽게 하느니라"

삿 9:15 "가시나무가 나무들에게 이르되 만일 너희가 참으로 내게 기름을 부어 너희 위에 왕으로 삼겠거든 와서 내 그늘에 피하라 그리하지 아니하면 불이 가시나무에서 나와서 레바논의 백향목을 사를 것이니라 하였느니라"

그래서 예수님을 영접하고 믿음으로 예수님의 피로 죄 사함을 받고 부활 생명으로 거듭나야 좋은 열매를 맺을 수 있습니다.

엡 1:7 "우리는 그리스도 안에서 그의 은혜의 풍성함을 따라 그의 피로 말미암아 속량 곧 죄 사함을 받았느니라"

죄 사함을 받았으면 그때부터 가시덤불과 엉겅퀴가 있는(창 3:18) 묵은 땅을 갈아 엎어야 합니다.

렘 4:3 "여호와께서 유다와 예루살렘 사람에게 이와 같이 이르노라 너희 묵은 땅을 갈고 가시덤불에 파종하지 말라"

호 10:12 "너희가 자기를 위하여 공의를 심고 인애를 거두라 너희 묵은 땅을 기경하라 지금이 곧 여호와를 찾을 때니 마침내 여호와께서 오사 공의를 비처럼 너희에게 내리시리라"(참조: 신 30:6-할례=좋은 땅, 살아 있는 땅, 생명이 있는 땅)

좋은 땅에 씨를 뿌려야 좋은 열매를 결실해 곳간(천국)에 들어갈 수도 있고, 이웃에게도 나누어 줄 수 있습니다.

마 13:23 "좋은 땅에 뿌려졌다는 것은 말씀을 듣고 깨닫는 자니 결실하여 어떤 것은 백 배, 어떤 것은 육십 배, 어떤 것은 삼십 배가 되느니라 하시더라"

(참조: 마 9:17-새 부대=좋은 땅, 새 포도주=피=생명)

좋은 땅에는 영원히 썩지 않을 씨를 뿌려야 합니다.

벧전 1:23 "너희가 거듭난 것은 썩어질 씨로 된 것이 아니요 썩지 아니할 씨로 된 것이니 살아 있고 항상 있는 하나님의 말씀으로 되었느니라"

이 씨(천국 복음, 생명의 말씀)가 우리의 마음 밭에 심겨야 합니다.

마 13:31 "또 비유를 들어 이르시되 천국은 마치 사람이 자기 밭에 갖다 심은 겨자씨 한 알 같으니"

욥 8:7 "네 시작은 미약하였으나 네 나중은 심히 창대하리라"

이 씨가 우리의 마음 밭에 심겨야 그때부터 구원을 이루어 갈 수 있습니다(참조: 빌 2:12).

씨가 마음 밭에 심겼으면, 그때부터 열심으로 물을 먹어야 싹이 나고 자라기 시작합니다. 물은 두 종류가 있는데(창 1:6-7), 곧 궁창 위의 물과 궁창 아래의 물입니다. 하늘에서 내려오는 궁창 위의 물을 먹어야 씨가 썩지 않고 싹이 나고 자라서 큰 나무가 되어 좋은 열매를 맺을 수 있습니다.

하늘에서 하나님께서 내려 주시는 물이 생명수이기 때문에 자라나기 시작합니다. 이 생명수는 하나님과 어린양의 보좌로부터 나와서 길 가운데로 흐릅니다.

계 22:1-2 "¹또 그가 수정같이 맑은 생명수의 강을 내게 보이니 하나님과 및 어린양의 보좌로부터 나와서 ²길 가운데로 흐르더라 강 좌우에 생명나무가 있어 열두 가지 열매를 맺되 달마다 그 열매를 맺고 그 나무 잎사귀들은 만국을 치료하기 위하여 있더라"(참조: 겔 47:12; 마 21:19-길가의 무화과나무)

신 32:2 "내 교훈은 비처럼 내리고 내 말은 이슬처럼 맺히나니 연한 풀 위의 가는 비 같고 채소 위의 단비 같도다"

하늘에서 내려오는 생명수를 먹기 시작하면 씨에서 싹이 나고 자라 가면서 강해지고 지혜가 충만해지며 하나님의 은혜가 늘 함께하십니다.

삼하 23:4 "그는 돋는 해의 아침 빛 같고 구름 없는 아침 같고 비 내린 후의 광선으로 땅에서 움이 돋는 새 풀 같으니라 하시도다"

눅 2:40 "아기가 자라며 강하여지고 지혜가 충만하며 하나님의 은혜가 그의 위에 있더라"

이렇게 생명수를 먹고 자라가면서 강하여지고 큰 나무로 자라서 좋은 열매를 맺으면 새들이 모여들기 시작합니다.

마 13:32 "이는 모든 씨보다 작은 것이로되 자란 후에는 풀보다 커서 나무가 되매 공중의 새들이 와서 그 가지에 깃들이느니라"(참조: 새-창 1:21-22, 7:3)

왜 새들이 큰 나무에만 날아듭니까? 그런 나무가 있는 곳이 천국이며, 그런 나무에 성령의 열매가 달려 있기 때문입니다. 그러므로 장성한 분량에까지 자라야 새들이 깃든다는 것을 기억해야 합니다.

갈 5:22-23 "^{22}오직 성령의 열매는 사랑과 희락과 화평과 오래 참음과 자비와 양선과 충성과 ^{23}온유와 절제니 이 같은 것을 금지할 법이 없느니라"

이런 사람들의 마음 밭은 어떻습니까?

삿 9:9-13 "^{9}감람나무가 그들에게 이르되 내게 있는 나의 기름은 하나님과 사람을 영화롭게 하나니 내가 어찌 그것을 버리고 가서 나무들 위에 우쭐대리요 한지라 ^{10}나무들이 또 무화과나무에게 이르되 너는 와서 우리 위에 왕이 되라 하매 ¹¹무화과나무가 그들에게 이르되 나의 단 것과 나의 아름다운 열매를 내가 어찌 버리고 가서 나무들 위에 우쭐대리요 한지라 ¹²나무들이 또 포도나무에게 이르되 너는 와서 우리 위에 왕이 되라 하매 ¹³포도나무가 그들에게 이르되 하나님과 사람을 기쁘게 하는 내 포도주를 내가 어찌 버리고 가서 나무들 위에 우쭐대리요 한지라"

이런 사람들은 하나님께서 주신 달란트대로 쓰임 받기를 기뻐하며 다른 사람들 위에 군림하려고 하지 않습니다.
그러면 오늘날에는 어떻게 해야 좋은 열매를 맺을 수 있을까요?

> 창 47:23 "요셉이 백성에게 이르되 오늘 내가 바로를 위하여 너희 몸과 너희 토지를 샀노라 여기 종자가 있으니 너희는 그 땅에 뿌리라"

여기서 요셉은 예수님을 의미합니다. 즉, 십자가에서 대가를 지불하고 산 그 땅에 예수님이 주시는 '종자'를 뿌리라는 뜻입니다. 그 종자는 영적으로 영원히 썩지 않을 씨(벧전 1:23), 하나님의 생명의 말씀, 천국 복음입니다.

> 고전 6:19-20 "¹⁹너희 몸은 너희가 하나님께로부터 받은바 너희 가운데 계신 성령의 전인 줄을 알지 못하느냐 너희는 너희 자신의 것이 아니라 ²⁰값으로 산 것이 되었으니 그런즉 너희 몸으로 하나님께 영광을 돌리라"

예수님께서 십자가에서 대가를 지불하고 산 우리는 하나님께 영광을 올려야 합니다. 예수님께서 주시는 씨를 뿌려야 합니다(참조: 고전 3:9 "우리는 하나님의 동역자들이요 너희는 하나님의 밭이요"). 그래서 우리는 각기 종류대로 씨 맺는 채소와 씨 가진 열매 맺는 나무를 내어 하나님께 영광을 올려야 합니다.

창 1:12 "땅이 풀과 각기 종류대로 씨 맺는 채소와 각기 종류대로 씨 가진 열매 맺는 나무를 내니 하나님이 보시기에 좋았더라"

시 100:1-3 "[1]온 땅이여 여호와께 즐거운 찬송을 부를지어다 [2]기쁨으로 여호와를 섬기며 노래하면서 그의 앞에 나아갈지어다 [3]여호와가 우리 하나님이신 줄 너희는 알지어다 그는 우리를 지으신 이요 우리는 그의 것이니 그의 백성이요 그의 기르시는 양이로다"

사 40:6-7 "[6]말하는 자의 소리여 이르되 외치라 대답하되 내가 무엇이라 외치리이까 이르되 모든 육체는 풀이요 그의 모든 아름다움은 들의 꽃과 같으니 [7]풀은 마르고 꽃이 시듦은 여호와의 기운이 그 위에 붊이라 이 백성은 실로 풀이로다"

땅의 풀과 씨 맺는 채소와 씨 가진 열매 맺는 나무가 장차 하나님의 형상을 입은 사람들에게 하나님께서 주시는 식물(양식)이 되는 것입니다.

창 1:29 "하나님이 이르시되 내가 온 지면의 씨 맺는 모든 채소와 씨 가진 열매 맺는 모든 나무를 너희에게 주노니 너희의 먹을거리가 되리라"

이 식물(양식)은 예수님이 원하시는 양식이며, 예수님의 제자들도 몰랐던 하나님의 비밀입니다.

> 요 4:34-36 "³⁴예수께서 이르시되 나의 양식은 나를 보내신 이의 뜻을 행하며 그의 일을 온전히 이루는 이것이니라 ³⁵너희는 넉 달이 지나야 추수할 때가 이르겠다 하지 아니하느냐 그러나 나는 너희에게 이르노니 너희 눈을 들어 밭을 보라 희어져 추수하게 되었도다 ³⁶거두는 자가 이미 삯도 받고 영생에 이르는 열매를 모으나니 이는 뿌리는 자와 거두는 자가 함께 즐거워하게 하려 함이라"(참조: 이미 삯도 받고, 마 20:1-2-동전, 데나리온)

하나님께서 이루고자 하신 것은, 예수님께서 십자가에서 대가를 지불하고 산 땅과 풀들이(시 100:1-3; 사 40:6-7) 각기 종류대로 씨 가진 채소와 씨 가진 열매 맺는 좋은 나무들을 추수하여 곳간(천국)에 넣는 일입니다. 이것이 하나님께서 우리에게 주시는 식물이며 예수님의 양식입니다.

이런 자들을 통하여 하나님께서는 천하 만민에게 복을 내리십니다.

> 창 22:18 "또 네 씨로 말미암아 천하 만민이 복을 받으리니 이는 네가 나의 말을 준행하였음이니라 하셨다 하니라"

이들은(창 1:12-땅과 물) 하나님의 말씀을 준행하였습니다(참조: 선악과를 따 먹고 에덴동산에서 쫓겨난 자들은 씨가 없는 채소를 먹음).

> 창 3:18 "땅이 네게 가시덤불과 엉겅퀴를 낼 것이라 네가 먹을 것은 밭의 채소인즉"

예수님의 양식과 하나님의 뜻

요 4:34-36 "예수께서 이르시되 나의 양식은 나를 보내신 이의 뜻을 행하며 그의 일을 온전히 이루는 이것이니라 너희는 넉 달이 지나야 추수할 때가 이르겠다 하지 아니하느냐 그러나 나는 너희에게 이르노니 너희 눈을 들어 밭을 보라 희어져 추수하게 되었도다 거두는 자가 이미 삯도 받고 영생에 이르는 열매를 모으나니 이는 뿌리는 자와 거두는 자가 함께 즐거워하게 하려 함이라"

예수님께서는 이 땅에 오시어 친히 하나님의 뜻을 행하고 본을 보이며 생명의 말씀, 천국 복음을 가르치셨습니다.

행 1:1 "데오빌로여 내가 먼저 쓴 글에는 무릇 예수께서 행하시며 가르치시기를 시작하심부터"

예수님께서는 우리에게 먼저 본을 보이고 나서 말씀하시고 따라하게 하셨습니다.

벧전 2:21 "이를 위하여 너희가 부르심을 받았으니 그리스도도 너희를 위하여 고난을 받으사 너희에게 본을 끼쳐 그 자취를 따라오게 하려 하셨느니라"

예수님의 제자들도 자신들이 먼저 행하고 나서 가르쳤습니다.

막 6:30 "사도들이 예수께 모여 자기들이 행한 것과 가르친 것을 낱낱이 고하니"

오늘날 앞에 서서 가르치는 자들은 친히 양 무리에게 본을 보이며 가르치는 자가 되어야 하나님의 영광의 면류관을 쓸 것입니다.

벧전 5:3-4 "³맡은 자들에게 주장하는 자세를 하지 말고 양 무리의 본이 되라 ⁴그리하면 목자장이 나타나실 때에 시들지 아니하는 영광의 관을 얻으리라"

이렇게 행위로 본을 보이고 가르치는 자들이 천국에서 크다고 인정받을 것입니다.

마 5:19 "그러므로 누구든지 이 계명 중의 지극히 작은 것 하나라도 버리고 또 그같이 사람을 가르치는 자는 천국에서 지극히 작다 일컬음을 받을 것이요 누구든지 이를 행하며 가르치는 자는 천국에서 크다 일컬음을 받으리라"

우리 모두 하나님의 계명과 뜻을 바로 알고 행하고 가르치는 자가 되어 장차 천국에서 크다고 인정받길 주님의 이름으로 축원합니다.

본문에서 예수님의 양식은 하나님의 뜻을 온전히 이루시는 것입니다. 하나님의 뜻은 이 땅에서 영생에 이른 열매를 추수하는 것입니다. 즉, 예수님의 양식은 영생에 이른 열매들입니다.

그러면 영생의 열매를 맺기 위해서는 어떻게 해야 합니까? 그리고 어떻게 해야 영생의 열매를 추수할 수 있을까요?

1. 먼저 밭이 있어야 합니다.

눈을 들어 밭을 보아야 희어져 추수할 때가 되었음을 알 수 있습니다.

고전 3:9 "우리는 하나님의 동역자들이요 너희는 하나님의 밭이요 하나님의 집이니라"(참조: 마 27:6-8-피밭)

밭은 영적으로 우리 자신입니다.

2. 묵은 땅을 갈아엎어야 합니다.

밭에 있는 가시나무와 엉겅퀴를 걷어 내고 묵은 땅을 갈아엎고 나서 씨를 뿌려야 합니다(참조: 창 3:18)

렘 4:3 "여호와께서 유다와 예루살렘 사람에게 이와 같이 이르노라 너희 묵은 땅을 갈고 가시덤불에 파종하지 말라"

호 10:12 "너희가 자기를 위하여 공의를 심고 인애를 거두라 너희 묵은 땅을 기경하라 지금이 곧 여호와를 찾을 때니 마침내 여호와께서 오사 공의를 비처럼 너희에게 내리시리라"

하나님께서는 묵은 땅에는(엡 4:22) 비를 내려 주지 않습니다. 비가 내린 뒤(이른 비)에 씨를 뿌려야 씨가 살아서 싹이 나고 자라갈 수 있습니다.

신 32:2 "내 교훈은 비처럼 내리고 내 말은 이슬처럼 맺히나니 연한 풀 위의 가는 비 같고 채소 위의 단비 같도다"

3. 이제 좋은 땅이 되었다면 씨를 뿌려야 합니다.

영생할 수 있는 썩지 않을 씨를 뿌려야 합니다.

벧전 1:23 "너희가 거듭난 것은 썩어질 씨로 된 것이 아니요 썩지 아니할 씨로 된 것이니 살아 있고 항상 있는 하나님의 말씀으로 되었느니라"(참조: 요 6:27; 창 47:23)

우리가 영생하는 것은 하나님과 그가 보내신 자 예수 그리스도를 알 때 가능해집니다.

요 17:3 "영생은 곧 유일하신 참 하나님과 그가 보내신 자 예수 그리스도를 아는 것이니이다"

이 하나님이 태초부터 있는 말씀, 생명의 말씀입니다(요 1:1). 이 말씀이 예수님을 통하여 기쁜 소식, 천국 복음으로 이 땅에 선포되어 뿌려졌습니다. 이 천국 복음이 우리의 마음 밭에 심겨야 합니다. 그래야 이 땅에서도 천국을 누리며 살아갈 수 있습니다.

마 13:31 "또 비유를 들어 이르시되 천국은 마치 사람이 자기 밭에 갖다 심은 겨자씨 한 알 같으니"

그래서 우리의 마음 밭에 무엇을 심느냐가 매우 중요합니다. 심는 대로 거두기 때문입니다.

갈 6:7 "스스로 속이지 말라 하나님은 업신여김을 받지 아니하시나니 사람이 무엇으로 심든지 그대로 거두리라"

4. 물을 먹고 싹이 나고 자라가야 합니다.

물도 좋은 물을 먹어야 합니다. 물은 두 종류가 있는데, 하나는 궁창 위의 물이고, 다른 하나는 궁창 아래의 물입니다.

창 1:6-7 "⁶하나님이 이르시되 물 가운데에 궁창이 있어 물과 물로 나뉘라 하시고 ⁷하나님이 궁창을 만드사 궁창 아래의 물과 궁창 위의 물로 나뉘게 하시니 그대로 되니라"

우리의 마음 밭에 심긴 씨에 궁창 위의 물을 주어야 싹이 나고 자라나서 큰 나무가 되어 영생의 열매를 맺을 수 있습니다.
이 궁창 위의 물은 하나님과 어린양의 보좌로부터 흘러내리는 생명수이기에 이 물을 먹는 나무마다 열매를 내며, 잎사귀는 만국을 소생시키는 데 쓰임 받습니다.

계 22:1-2 "¹또 그가 수정같이 맑은 생명수의 강을 내게 보이니 하나님과 및 어린양의 보좌로부터 나와서 ²길 가운데로 흐르더라 강 좌우에 생명나무가 있어 열두 가지 열매를 맺되 달마다 그 열매를 맺고 그 나무 잎사귀들은 만국을 치료하기 위하여 있더라"(참조: 겔 47:12 잎사귀=약재료)

5. 고난과 시련을 인내해야 합니다.

싹이 나고 열매를 맺어 자라가기 시작하면 많은 고난과 시련을 인내하는 것이 필요합니다. 이 기간이 본문에서 넉 달입니다. 성경에서 영적으로 '사'(4)는 동서남북을 의미하며, 여기서는 기간이 다 찼다는 뜻입니다(참조: 창 6장-노아의 방주 120년). 넉 달은 날수로 120일입니다.

하나님은 지금 비유로 말씀하고 계십니다. 하나님의 시간은 우리의 시간과 다르다는 것을 기억해야 합니다.

벧후 3:8 "사랑하는 자들아 주께는 하루가 천 년 같고 천 년이 하루 같다는 이 한 가지를 잊지 말라"

사 55:8-9 "⁸이는 내 생각이 너희의 생각과 다르며 내 길은 너희의 길과 다름이니라 여호와의 말씀이니라 ⁹이는 하늘이 땅보다 높음같이 내 길은 너희의 길보다 높으며 내 생각은 너희의 생각보다 높음이니라"

나무가 열매를 맺으면 그때부터 많은 사람들이 열매를 떨어뜨리기 위해서 나무를 흔들어 대기 시작합니다.

마 7:25 "비가 내리고 창수가 나고 바람이 불어 그 집에 부딪치되 무너지지 아니하나니 이는 주추를 반석 위에 놓은 까닭이요"

이때부터는 기도하면서 인내로 모든 시련을 이겨 나가야 연단을 통하여 소망을 이룰 수 있습니다.

약 5:13 "너희 중에 고난당하는 자가 있느냐 그는 기도할 것이요 즐거워하는 자가 있느냐 그는 찬송할지니라"

약 1:3 "이는 너희 믿음의 시련이 인내를 만들어 내는 줄 너희가 앎이라"

롬 5:4 "인내는 연단을, 연단은 소망을 이루는 줄 앎이로다"

그래서 우리에게 인내(오래 참음-갈 5:22-23)가 필요합니다.

히 10:36-39 "[36]너희에게 인내가 필요함은 너희가 하나님의 뜻을 행한 후에 약속하신 것을 받기 위함이라 [37]잠시 잠깐 후면 오실 이가 오시리니 지체하지 아니하시리라 [38]나의 의인은 믿음으로 말미암아 살리라 또한 뒤로 물러가면 내 마음이 그를 기뻐하지 아니하리라 하셨느니라 [39]우리는 뒤로 물러가 멸망할 자가 아니요 오직 영혼을 구원함에 이르는 믿음을 가진 자니라"

노아는 120년간 방주를 지었습니다(참조: 영적으로 '12'는 하늘의 숫자이며 천국의 기초석임). 이렇게 고난과 연단과 시련과 인내를 통하여 소망을 이룬 것입니다.

요 4:35 "…너희 눈을 들어 밭을 보라 희어져 추수하게 되었도다"

계 3:18 "내가 너를 권하노니 내게서 불로 연단한 금을 사서 부요하게 하고 흰옷을 사서 입어 벌거벗은 수치를 보이지 않게 하고 안약을 사서 눈에 발라 보게 하라"

예수님께서는 안약을 사서 눈에 발라 보라고 하였습니다. 내가 눈을 뜨기 위해서는 예수님의 말씀에 순종해야 합니다.

요 9:7 "이르시되 실로암 못에 가서 씻으라 하시니 (실로암은 번역하면 보냄을 받았다는 뜻이라) 이에 가서 씻고 밝은 눈으로 왔더라"

실로암 못에는 물이 있었습니다. 성경에서 물은 하나님의 말씀을 의미합니다(엡 5:26).

엡 5:26 "이는 곧 물로 씻어 말씀으로 깨끗하게 하사 거룩하게 하시고"

요 9:11 "대답하되 예수라 하는 그 사람이 진흙을 이겨 내 눈에 바르고 나더러 실로암에 가서 씻으라 하기에 가서 씻었더니 보게 되었노라"

영안이 열린 자들은 하나님께서 마음의 눈을 밝혀 주셔서 하나님께서 부르신 뜻(소망)이 무엇인지 알 수 있습니다.

엡 1:17-19 "¹⁷우리 주 예수 그리스도의 하나님, 영광의 아버지께서 지혜와 계시의 영을 너희에게 주사 하나님을 알게 하시고 ¹⁸너희 마음의 눈을 밝히사 그의 부르심의 소망이 무엇이며 성도 안에서 그 기업의 영광의 풍성함이 무엇이며 ¹⁹그의 힘의 위력으로 역사하심을 따라 믿는 우리에게 베푸신 능력의 지극히 크심이 어떠한 것을 너희로 알게 하시기를 구하노라"

이런 자들이 밭을 보고 희어져 있는 것을 알고 추수할 수 있습니다. 밭은 영적으로 우리 자신을 의미합니다.

고전 3:9 "우리는 하나님의 동역자들이요 너희는 하나님의 밭이요 하나님의 집이니라"

밭이 왜 희어져 있습니까?

계 4:4 "또 보좌에 둘려 이십사 보좌들이 있고 그 보좌들 위에 이십사 장로들이 흰옷을 입고 머리에 금관을 쓰고 앉았더라"(참조: 계 7:13-15)

계 19:8-9 "⁸그에게 빛나고 깨끗한 세마포 옷을 입도록 허락하셨으니 이 세마포 옷은 성도들의 옳은 행실이로다 하더라 ⁹천사가 내게 말하기를 기록하라 어린양의 혼인 잔치에 청함을 받은 자들은 복이 있도다 하고 또 내게 말하되 이것은 하나님의 참되신 말씀이라 하기로"(참조: 계 3:18-흰옷을 사서 입어야 함)

희어진 밭에서 혼인 잔치에 청함을 받은 자들을 추수해야 합니다. 이것이 하나님의 뜻이고 예수님의 양식입니다.

요 4:36 "거두는 자가 이미 삯도 받고 영생에 이르는 열매를 모으나니 이는 뿌리는 자와 거두는 자가 함께 즐거워하게 하려 함이라"

거두는 자가 이미 삯을 받았다고 말씀합니다. 그 사람은 벌써 영적으로 천국에 갔다 온 것입니다. 그것을 어떻게 알 수 있습니까?

마 20:1-2 "[1]천국은 마치 품꾼을 얻어 포도원에 들여보내려고 이른 아침에 나간 집주인과 같으니 [2]그가 하루 한 데나리온씩 품꾼들과 약속하여 포도원에 들여보내고"(참조: 요 15:5-천국 맛을 보았음, 예: 왕하 2:14-엘리사는 영적으로 천국에 갔다 온 자임, 가나안 땅)

이미 삯을 받은 사마리아인은 그것을 사용하고 있습니다.

눅 10:30-35 "[30]예수께서 대답하여 이르시되 어떤 사람이 예루살렘에서 여리고로 내려가다가 강도를 만나매 강도들이 그 옷을 벗기고 때려 거의 죽은 것을 버리고 갔더라 [31]마침 한 제사장이 그 길로 내려가다가 그를 보고 피하여 지나가고 [32]또 이와 같이 한 레위인도 그곳에 이르러 그를 보고 피하여 지나가되 [33]어떤 사마리아 사람은 여행하는 중 거기 이르러 그를 보고 불쌍히 여겨 [34]가까이 가서 기름과 포도주를 그 상처에 붓고 싸매고 자기 짐승에 태워 주막으로 데리고 가서 돌보아 주니라 [35]그 이튿날 그가 주막 주인에게 데나리온 둘을 내어 주며 이르되 이 사람을 돌보아 주라 비용이 더 들면 내가 돌아올 때에 갚으리라 하였으니"(참조: 은 동전=데나리온, 시 12:6-은=말씀, 사마리아인-요 4:42)

하나님과 통일된 삶을 살자

엡 1:10 "하늘에 있는 것이나 땅에 있는 것이 다 그리스도 안에서 통일되게 하려 하심이라"

오늘날 예수님을 영접하고 하나님을 믿는다는 교인들이 하나님과 교통함을 갖지 못하고 하늘과 땅이 통일된 삶을 누리지 못하는 것은 하나님의 말씀에 순종하지 않을 뿐 아니라 하나님의 율례와 법을 따르지 않으면서 입으로만 '주여, 주여' 하면서 마음은 하나님께 멀리 떠나 있기 때문입니다. 우리 자신을 살펴보시기 바랍니다.

사 29:13 "주께서 이르시되 이 백성이 입으로는 나를 가까이 하며 입술로는 나를 공경하나 그들의 마음은 내게서 멀리 떠났나니 그들이 나를 경외함은 사람의 계명으로 가르침을 받았을 뿐이라"

요한복음 4장에 등장하는 사마리아 여인의 모습은 어떠했습니까?

요 4:12 "우리 조상 야곱이 이 우물을 우리에게 주셨고 또 여기서 자기와 자기 아들들과 짐승이 다 마셨는데 당신이 야곱보다 더 크니이까"

요 4:20-21 "[20]우리 조상들은 이 산에서 예배하였는데 당신들의 말은 예배할 곳이 예루살렘에 있다 하더이다 [21]예수께서 이르시되 여자여 내 말을 믿으라 이 산에서도 말고 예루살렘에서도 말고 너희가 아버지께 예배할 때가 이르리라"

하나님께서는 오늘날에도 만물보다 심히 부패한 우리의 마음을 보시며 심장을 살피시고 폐부를 시험하고 행실대로 보응하신다는 것을 깨닫기 바랍니다.

렘 17:9-10 "[9]만물보다 거짓되고 심히 부패한 것은 마음이라 누가 능히 이를 알리요마는 [10]나 여호와는 심장을 살피며 폐부를 시험하고 각각 그의 행위와 그의 행실대로 보응하나니"(보응: 선악의 행위에 대한 되찾음)

왜 하나님께서는 우리(나)의 '심장'을 살피고 '폐부'를 시험하실까요? 심장은 피를 깨끗이 하여서 각 신체로 보내줍니다. 하나님께서는 우리의 피가 주님의 보혈로 깨끗하여졌는지 살펴보신다는 것을 영적으로 깨닫기 바랍니다.

'폐부'는 숨을 쉬게 하는 것입니다. 우리(나)가 숨을 쉬지 못하면 죽는 것입니다. 하나님께서는 오늘도 우리(나)의 폐부를 시험하고 계시다는 것을 믿으시기 바랍니다. 하나님께서 코를 통하여 불어주신(창 2:7) 생기로 우리가 신령한 사람으로 살아가고 있는지 시험하고 계시다는 것을 깨닫기 바랍니다. 하나님께서 넣어주신 생기로 살아가면서 행한 행위와 행실대로 보응하신다는 것을 믿으시기 바랍니다.

그러면 어떻게 해야 하나님과 교통함을 갖고 하늘과 땅이 통일된 삶을 살 수 있을까요? 하나님과 통일된 삶을 살기 위해서는 먼저 내 자신을 알아야 합니다. 성경을 알아야 내 자신과 하나님을 알 수 있습니다.

롬 3:10 "기록된 바 의인은 없나니 하나도 없으며"

모든 사람이 죄인이어서 하나님과 교통함을 가질 수 없으며 하늘의 신령한 복을 누리지 못하고 사는 것입니다.

시 51:5 "내가 죄악 중에서 출생하였음이여 어머니가 죄 중에서 나를 잉태하였나이다"

죄악 중에 태어난 우리(나)는 누구의 형상을 갖고 태어나는가를 알아야 합니다.

창 5:3 "아담은 백삼십 세에 자기의 모양 곧 자기의 형상과 같은 아들을 낳아 이름을 셋이라 하였고"

'셋'은 히브리어로 '대신 놓다, 하나님이 대신 주신 사람'이라는 의미를 나타냅니다. 오늘날 아벨 대신 나(우리)를 의미합니다.

고전 15:47-49 "[47]첫 사람은 땅에서 났으니 흙에 속한 자이거니와 둘째 사람은 하늘에서 나셨느니라 [48]무릇 흙에 속한 자들은 저 흙에 속한 자와 같고 무릇 하늘에 속한 자들은 저 하늘에 속한 이와 같으니 [49]우리가 흙에 속한 자의 형상을 입은 것 같이 또한 하늘에 속한 이의 형상을 입으리라"

우리는 죄악 중에 잉태되어 흙에 속한 자의 형상을 갖고 태어나며 하나님의 말씀에 불순종하고 뱀의 꾐에 빠져 선악과를 따 먹은 아담의 형상과 본성을 갖고(입고) 태어난다는 것을 알기 바랍니다.
이런 자들은 세상 영에 잡혀서(고전 2:12) 흑암의 권세 아래서 종노릇하며 총명도 없이 굳어진 마음으로 죄짓기에 빠르며 하나님의 생명에서 떠나 살고 있는 것입니다.

엡 4:18 "그들의 총명이 어두워지고 그들 가운데 있는 무지함과 그들의 마음이 굳어짐으로 말미암아 하나님의 생명에서 떠나 있도다"

하나님의 생명에서 떠난 자들의 행실은 다음과 같습니다.

잠 1:16 "대저 그 발은 악으로 달려가며 피를 흘리는 데 빠름이니라"

잠 6:18 "악한 계교를 꾀하는 마음과 빨리 악으로 달려가는 발과"

이런 자들의 마음에서 나오는 것과 행실은 어떠할까요?

막 7:21-23 "21속에서 곧 사람의 마음에서 나오는 것은 악한 생각 곧 음란과 도둑질과 살인과 22간음과 탐욕과 악독과 속임과 음탕과 질투와 비방과 교만과 우매함이니(뻔뻔하고 경솔한 것) 23이 모든 악한 것이 다 속에서 나와서 사람을 더럽게 하느니라"

이런 사람들을 성경에서는 '옛 사람'이라고 말합니다.

엡 4:22 "너희는 유혹의 욕심을 따라 썩어져 가는 구습을 따르는 옛 사람을 벗어 버리고"

이런 옛 사람들을 성경에서는 묵은땅(옛 사람)이라고 합니다. 묵은 땅에는 하나님께서 비를 내려주지 않습니다. 왜냐하면 이런 자들은 배만 채우며 땅에 일을 생각하기 때문입니다.

빌 3:19 "그들의 마침은 멸망이요 그들의 신은 배요 그 영광은 그들의 부끄러움에 있고 땅의 일을 생각하는 자라"(참조: 육신의 생각은 사망- 롬 8:6)

마 6:31 "그러므로 염려하여 이르기를 무엇을 먹을까 무엇을 마실까 무엇을 입을까 하지 말라"

그래서 묵은 땅(옛 사람)을 갈아엎어야 하늘에서 비가 내리기 시작합니다.

렘 4:3 "여호와께서 유다와 예루살렘 사람에게 이와 같이 이르노라 너희 묵은 땅을 갈고 가시덤불에 파종하지 말라"

호 10:12 "너희가 자기를 위하여 공의를 심고 인애를 거두라 너희 묵은 땅을 기경하라 지금이 곧 여호와를 찾을 때니 마침내 여호와께서 오사 공의를 비처럼 너희에게 내리시리라"

의를 비처럼 내리신다고 하셨는데 여기서 비는 하나님의 의가 되시는 예수님을 뜻합니다(롬 1:17; 신 32:1-2).

신 32:2 "내 교훈은 비처럼 내리고 내 말은 이슬처럼 맺히나니 연한 풀 위의 가는 비 같고 채소 위의 단비 같도다"

이런 옛 사람을 가지고 믿음 생활을 하는 자들을 하나님께서는 나의 마당만 밟을 뿐이라고 하십니다.

사 1:12 "너희가 내 앞에 보이러 오니 이것을 누가 너희에게 요구하였느냐 내 마당만 밟을 뿐이니라"

이렇게 믿음생활을 하는 자들은 아무리 교회에 오래 다녀도 하나님과 교통하지 못하며, 하늘의 신령한 복도 받지 못하고, 기도를 많이 해도 응답을 못 받습니다. 왜냐하면 우리(나)의 죄가 우리(나)와 하나님의 사이를 막고 있기 때문입니다.

사 59:1-2 "¹여호와의 손이 짧아 구원하지 못하심도 아니요 귀가 둔하여 듣지 못하심도 아니라 ²오직 너희 죄악이 너희와 너희 하나님 사이를 갈라 놓았고 너희 죄가 그의 얼굴을 가리어서 너희에게서 듣지 않으시게 함이니라"

욥 37:7 "그가 모든 사람의 손에 표를 주시어 모든 사람이 그가 지으신 것을 알게 하려 하심이라"

그래서 우리(나)에게는 하나님의 긍휼하심과 아가페 사랑이 필요합니다(하나님의 아가페 사랑=예수님=십자가).

요 3:16 "하나님이 세상을 이처럼 사랑하사 독생자를 주셨으니 이는 그를 믿는 자마다 멸망하지 않고 영생을 얻게 하려 하심이라"

하나님의 사랑을 다 이루신 분이 예수님이십니다.

롬 5:8 "우리가 아직 죄인 되었을 때에 그리스도께서 우리를 위하여 죽으심으로 하나님께서 우리에 대한 자기의 사랑을 확증하셨느니라" (참조: 요 19:30 다 이루었다)

예수님께서 십자가를 통하여 다 이루어 주신 것은 무엇일까요?

엡 1:7 "우리는 그리스도 안에서 그의 은혜의 풍성함을 따라 그의 피로 말미암아 속량 곧 죄 사함을 받았느니라"

구속함과 죄 사함을 받음으로 하늘이 열리면서(엡 1:10) 하늘과 땅이 통일되고 새롭고 산 길이 열리는 것입니다(참조: 엡 2:14-16).

히 10:20 "그 길은 우리를 위하여 휘장 가운데로 열어 놓으신 새로운 살 길이요 휘장은 곧 그의 육체니라"

요 14:6 "예수께서 이르시되 내가 곧 길이요 진리요 생명이니 나로 말미암지 않고는 아버지께로 올 자가 없느니라"

그래서 우리(나)는 예수님을 내 안에 영접해야 합니다.

요 1:12-14 "¹²영접하는 자 곧 그 이름을 믿는 자들에게는 하나님의 자녀가 되는 권세를 주셨으니 ¹³이는 혈통으로나 육정으로나 사람의 뜻으로 나지 아니하고 오직 하나님께로부터 난 자들이니라 ¹⁴말씀이 육신이 되어 우리 가운데 거하시매 우리가 그의 영광을 보니 아버지의 독생자의 영광이요 은혜와 진리가 충만하더라"

이렇게 예수님을 내 안에 영접하면 하나가 됩니다.

고전 6:17 "주와 합하는 자는 한 영이니라"

이때부터 내 안에 지진이 일어나면서 지각 변동이 시작되며 천사가(마 28:2) 하늘로부터 내려와 내 마음을 누르고 있는 굳은 돌을 굴려내기 시작합니다. 그러면서 말씀이 육신이 되신 예수님께서 부활 생명으로 살아서 운동하기 시작합니다.

히 4:12-13 "¹²하나님의 말씀은 살아 있고 활력이 있어 좌우에 날선 어떤 검보다도 예리하여 혼과 영과 및 관절과 골수를 찔러 쪼개기까지 하며 또 마음의 생각과 뜻을 판단하나니 ¹³지으신 것이 하나도 그 앞에 나타나지 않음이 없고 우리의 결산을 받으실 이의 눈 앞에 만물이 벌거벗은 것 같이 드러나느니라"

이렇게 예수님과 한 영이 되어 부활 생명으로 새롭게 됨을 느끼고 체험하면 이때부터 실상의 믿음이 되어(히 11:1) 하나님이 내 아버지임을 깨닫고 아바 아버지라 부르게 되어 있습니다.

> 롬 8:14-15 "¹⁴무릇 하나님의 영으로 인도함을 받는 사람은 곧 하나님의 아들이라 ¹⁵너희는 다시 무서워하는 종의 영을 받지 아니하고 양자의 영을 받았으므로 우리가 아빠 아버지라고 부르짖느니라"

이런 자들은 자신이 하나님 앞에서 새로운 피조물이 되었음을 알고 하나님의 말씀에 순종하며 율례와 법을 따르게 되어 있습니다.

> 고후 5:17 "그런즉 누구든지 그리스도 안에 있으면 새로운 피조물이라 이전 것은 지나갔으니 보라 새 것이 되었도다"

이때부터 나(우리)를 통하여 하나님께서 새로운 일을 시작하십니다.

> 사 43:18-19 "¹⁸너희는 이전 일을 기억하지 말며 옛날 일을 생각하지 말라 ¹⁹보라 내가 새 일을 행하리니 이제 나타낼 것이라 너희가 그것을 알지 못하겠느냐 반드시 내가 광야에 길을 사막에 강을 내리니"

이때부터 하나님께서 하늘에서 각양 좋은 은사와 각종 좋은 선물을 내려 주시기 시작합니다.

> 약 1:17 "온갖 좋은 은사와 온전한 선물이 다 위로부터 빛들의 아버지께로부터 내려오나니 그는 변함도 없으시고 회전하는 그림자도 없으시니라"(참조: 천국 열쇠- 마 16:19)

그러면서 이 사람들의 인격이 성령을 통하여 나타나기 시작합니다.

약 3:17-18 "¹⁷오직 위로부터 난 지혜는 첫째 성결하고 다음에 화평하고 관용하고 양순하며 긍휼과 선한 열매가 가득하고 편견과 거짓이 없나니 ¹⁸화평하게 하는 자들은 화평으로 심어 의의 열매를 거두느니라"

의의 열매가 곧 성령의 열매입니다.

갈 5:22-23 "²²오직 성령의 열매는 사랑과 희락과 화평과 오래 참음과 자비와 양선과 충성과 ²³온유와 절제니 이 같은 것을 금지할 법이 없느니라"(참조: 빛의 열매는 모든 착함과 의로움과 진실함에 있느니라-엡 5:9)

이렇게 성령의 열매를 맺는 자들은 무조건 다 곳간(천국)에 넣어야 합니다(일곱 쌍식=7=완전수, 참조: 공중의 새들, 정결한 것들-창 7:2-3, 1:21-22; 마 13:31-32 / 에녹-창 5:21-24).

하나님과 동행하기 위해서는 하나님과 의가 합해져야 합니다.

암 3:3 "두 사람이 뜻이 같지 않은데 어찌 동행하겠으며"

하나님과 동행하는 여러분이 되시길 축원합니다. 하나님과 동행하는 삶을 살아가는 자들이 왕 같은 제사장으로서(벧전 2:9) 하늘과 땅이 통일된 복을 누리시기를 바랍니다.
그래서 주님의 증인이 되어 온 열방에 천국 복음과 생명의 말씀을 대언하여 선포할 수 있다는 것을 믿으시기 바랍니다(계 19:10; 겔 37:9-10).

골 1:20 "그의 십자가의 피로 화평을 이루사 만물 곧 땅에 있는 것들이나 하늘에 있는 것들이 그로 말미암아 자기와 화목하게 되기를 기뻐하심이라"

예수님께서 원하시는 선물

마 2:9-11 "박사들이 왕의 말을 듣고 갈새 동방에서 보던 그 별이 문득 앞서 인도하여 가다가 아기 있는 곳 위에 머물러 서 있는지라 그들이 별을 보고 매우 크게 기뻐하고 기뻐하더라 집에 들어가 아기와 그의 어머니 마리아가 함께 있는 것을 보고 엎드려 아기께 경배하고 보배합을 열어 황금과 유향과 몰약을 예물로 드리니라"

여기서의 동방은 해가 뜨는 곳을 의미하며, 성경 다른 곳에서는 하나님이 거하시는 곳을 뜻합니다. 그래서 하나님께서는 에덴동산도 동방에 창설하셨습니다.

창 2:8 "여호와 하나님이 동방의 에덴에 동산을 창설하시고 그 지으신 사람을 거기 두시니라"

그래서 동방 박사들은 하나님이 거하시는 곳에서 왔다고 영적으로 생각할 수 있으며, 예수님께서도 참 빛으로 세상에 오셔서 각 사람에게 비추셨습니다.

요 1:9 "참 빛 곧 세상에 와서 각 사람에게 비추는 빛이 있었나니"

참 빛 되신 예수님, 의로우신 해가 우리에게 비칠 때 우리의 모든 질병이 치유되고 흑암의 권세가 떠남으로 우리는 송아지같이 자유함을 얻게 됩니다.

말 4:2 "내 이름을 경외하는 너희에게는 공의로운 해가 떠올라서 치료하는 광선을 비추리니 너희가 나가서 외양간에서 나온 송아지같이 뛰리라"

눅 1:78 "이는 우리 하나님의 긍휼로 인함이라 이로써 돋는 해가 위로부터 우리에게 임하여"

이런 자들이 세상의 빛이며, 착한 행실로 하나님께 영광을 돌리는 자들입니다.

마 5:14 "너희는 세상의 빛이라 산 위에 있는 동네가 숨겨지지 못할 것이요"

마 5:16 "이같이 너희 빛이 사람 앞에 비치게 하여 그들로 너희 착한 행실을 보고 하늘에 계신 너희 아버지께 영광을 돌리게 하라"(참조: 엡 5:9 "빛의 열매는 모든 착함과 의로움과 진실함에 있느니라")

하나님은 이런 자들을 기뻐하시며, 하나님의 기업과 복 주기를 아까워하지 않으십니다.

고등교육을 받고 한 분야에서 열심히 연구하여 뭔가 성취하고 논문으로 인정받은 자를 세상에서는 박사라 칭합니다.

그렇다면 하나님이 원하시는 박사는 어떤 사람입니까?

첫째, 하나님의 아들을 믿는 것과 아는 일에 하나가 되어 그리스도의 장성한 분량에까지 자란 자입니다.

엡 4:13 "우리가 다 하나님의 아들을 믿는 것과 아는 일에 하나가 되어 온전한 사람을 이루어 그리스도의 장성한 분량이 충만한 데까지 이르리니"

둘째, 슬기로운 자입니다.

마 25:4 "슬기 있는 자들은 그릇에 기름을 담아 등과 함께 가져갔더니" (참조: 잠 16:23 "지혜로운 자의 마음은 그의 입을 슬기롭게 하고 또 그의 입술에 지식을 더하느니라")

셋째, 지혜가 충만하며 하나님의 은혜가 그 위에 있는 자입니다.

눅 2:40 "아기가 자라며 강하여지고 지혜가 충만하며 하나님의 은혜가 그의 위에 있더라"

마 19:14 "예수께서 이르시되 어린아이들을 용납하고 내게 오는 것을 금하지 말라 천국이 이런 사람의 것이니라 하시고"

어린아이들은 순수하며, 누군가를 의지하고 따라다닙니다.

이런 자들이 하나님이 원하시는 박사들이며, 하나님을 사모하는 영을 갖고 있으며 마음의 중심이 하나님께 매인 자들입니다.

시 107:9 "그가 사모하는 영혼에게 만족을 주시며 주린 영혼에게 좋은 것으로 채워 주심이로다"

이런 자들의 행동은 어떻습니까?

시 1:1-3 "¹복 있는 사람은 악인들의 꾀를 따르지 아니하며 죄인들의 길에 서지 아니하며 오만한 자들의 자리에 앉지 아니하고 ²오직 여호와의 율법을 즐거워하여 그의 율법을 주야로 묵상하는도다 ³그는 시냇가에 심은 나무가 철을 따라 열매를 맺으며 그 잎사귀가 마르지 아니함 같으니 그가 하는 모든 일이 다 형통하리로다"(참조: 계 22:1-2; 겔 47:12)

이런 자들이 생명의 말씀, 천국 복음을 선포하면 물이 변하여 포도주가 되며, 마른 뼈들에 생기가 들어가서 살아납니다(참조: 겔 37:9-10; 계 19:10 "예수의 증인은 예언의 영이라").

요 2:6-9 "⁶거기에 유대인의 정결 예식을 따라 두세 통 드는 돌항아리 여섯이 놓였는지라 ⁷예수께서 그들에게 이르시되 항아리에 물을 채우라 하신즉 아귀까지 채우니 ⁸이제는 떠서 연회장에게 갖다주라 하시매 갖다주었더니 ⁹연회장은 물로 된 포도주를 맛보고도 어디서 났는지 알지 못하되 물 떠온 하인들은 알더라 연회장이 신랑을 불러"(참

조: 내 때-요 2:4)

이런 자들은 푯대가 뚜렷하며 하늘에 소망을 두고 살아갑니다.

계 22:16 "나 예수는 교회들을 위하여 내 사자를 보내어 이것들을 너희에게 증언하게 하였노라 나는 다윗의 뿌리요 자손이니 곧 광명한 새벽 별이라 하시더라"

동방 박사들도 별을 보고 따라가다가 별이 머문 곳에서 예수님을 찾아 뵙고 선물을 드렸습니다.

골 3:1-3 "^{1}그러므로 너희가 그리스도와 함께 다시 살리심을 받았으면 위의 것을 찾으라 거기는 그리스도께서 하나님 우편에 앉아 계시느니라 ^{2}위의 것을 생각하고 땅의 것을 생각하지 말라 ^{3}이는 너희가 죽었고 너희 생명이 그리스도와 함께 하나님 안에 감추어졌음이라"

하나님을 믿고 예수님을 영접한 자는 이처럼 푯대가 뚜렷해야 합니다. 광명한 새벽 별이 되시는 예수님만 바라보아야 합니다.

빌 3:14 "푯대를 향하여 그리스도 예수 안에서 하나님이 위에서 부르신 부름의 상을 위하여 달려가노라"

이런 자들이 하나님을 사랑하는 자들이며, 이들은 예수님께도 선물을 가져옵니다.

시 91:14-15 "¹⁴하나님이 이르시되 그가 나를 사랑한즉 내가 그를 건지리라 그가 내 이름을 안즉 내가 그를 높이리라 ¹⁵그가 내게 간구하리니 내가 그에게 응답하리라 그들이 환난 당할 때에 내가 그와 함께하여 그를 건지고 영화롭게 하리라"

동방 박사들은 엎드려 아기께 경배했습니다. 이것은 나 자신을 가장 낮은 자리로 낮추고 겸손하게 공경하며 주님을 높이는 것입니다.

또 그들은 보배합을 열었습니다(참조: 계 3:2-문밖에 서서; 골 2:3). 보배는 귀중한 것이며, 보배합을 열어야 그것을 볼 수 있습니다.
우리도 마음 문을 열고 귀한 선물인 황금과 유향과 몰약을 주님께 드려야 합니다.

1. 황금=정금(불순물이 다 빠져나간 금)

벧전 1:7 "너희 믿음의 확실함은 불로 연단하여도 없어질 금보다 더 귀하여 예수 그리스도께서 나타나실 때에 칭찬과 영광과 존귀를 얻게 할 것이니라"

욥 23:10 "그러나 내가 가는 길을 그가 아시나니 그가 나를 단련하신 후에는 내가 순금같이 되어 나오리라"

욥의 고백처럼 불 속에서 연단된 정금 같은 믿음이 있는 자들에게는, 하나님께서 칭찬과 영광과 존귀를 얻게 하십니다(참조: 히 12:29 "하나님은 소멸하는 불").

욥 42:12-15 "¹²여호와께서 욥의 말년에 욥에게 처음보다 더 복을 주시니 그가 양 만 사천과 낙타 육천과 소 천 겨리와 암나귀 천을 두었고 ¹³또 아들 일곱과 딸 셋을 두었으며 ¹⁴그가 첫째 딸은 여미마라 이름하였고 둘째 딸은 굿시아라 이름하였고 셋째 딸은 게렌합북이라 이름하였으니 ¹⁵모든 땅에서 욥의 딸들처럼 아리따운 여자가 없었더라 그들의 아버지가 그들에게 그들의 오라비들처럼 기업을 주었더라"

그러므로 우리의 믿음에서 불순물이 다 빠져나가야 합니다. 즉, 우리 안에 있는 불순물 같은 누룩을 제하여 버려야 합니다.

고전 5:6-8 "⁶너희가 자랑하는 것이 옳지 아니하도다 적은 누룩이 온 덩어리에 퍼지는 것을 알지 못하느냐 ⁷너희는 누룩 없는 자인데 새 덩어리가 되기 위하여 묵은 누룩을 내버리라 우리의 유월절 양 곧 그리스도께서 희생되셨느니라 ⁸이러므로 우리가 명절을 지키되 묵은 누룩으로도 말고 악하고 악의에 찬 누룩으로도 말고 누룩이 없이 오직 순전함과 진실함의 떡으로 하자"

이런 자들에게 하나님께서 성령이 임하게 하시어 왕 같은 제사장이 되어 정의를 베풀 수 있게 하십니다.

사 42:1 "내가 붙드는 나의 종, 내 마음에 기뻐하는 자 곧 내가 택한 사람을 보라 내가 나의 영을 그에게 주었은즉 그가 이방에 정의를 베풀리라"

또 이런 사람들이 성령을 받아 하나님의 은혜 아래서 의의 무기로 쓰임 받습니다.

롬 6:13-14 "¹³또한 너희 지체를 불의의 무기로 죄에게 내주지 말고 오직 너희 자신을 죽은 자 가운데서 다시 살아난 자같이 하나님께 드리며 너희 지체를 의의 무기로 하나님께 드리라 ¹⁴죄가 너희를 주장하지 못하리니 이는 너희가 법 아래에 있지 아니하고 은혜 아래에 있음이라"

눅 10:19 "내가 너희에게 뱀과 전갈을 밟으며 원수의 모든 능력을 제어할 권능을 주었으니 너희를 해칠 자가 결코 없으리라"

불 가운데에서 연단되어 정금(황금) 같은 믿음을 갖는 우리 모두가 되길 주님의 이름으로 축원합니다.

2. 유향=생명의 냄새, 그리스도의 냄새, 말씀 냄새(이런 냄새를 풍기는 자를 상징함)

유향은 그리스도를 나타내는 향기를 의미합니다.

고후 2:14-16 "¹⁴항상 우리를 그리스도 안에서 이기게 하시고 우리로 말미암아 각처에서 그리스도를 아는 냄새를 나타내시는 하나님께 감사하노라 ¹⁵우리는 구원받는 자들에게나 망하는 자들에게나 하나님 앞에서 그리스도의 향기니 ¹⁶이 사람에게는 사망으로부터 사망에 이르는 냄새요 저 사람에게는 생명으로부터 생명에 이르는 냄새라 누가 이 일을 감당하리요"

이렇게 생명의 냄새가 나는 자들을 하나님께서 받으십니다.

레 2:1-2 "[1]누구든지 소제의 예물을 여호와께 드리려거든 고운 가루로 예물을 삼아 그 위에 기름을 붓고 또 그 위에 유향을 놓아 [2]아론의 자손 제사장들에게로 가져갈 것이요 제사장은 그 고운 가루 한 움큼과 기름과 그 모든 유향을 가져다가 기념물로 제단 위에서 불사를지니 이는 화제라 여호와께 향기로운 냄새니라"

그래서 예수님께서 이 땅에 오시어 '본'으로서 십자가에서 향기로운 제물과 희생제물로 자신을 하나님께 드리신 것입니다.

요 1:29 "이튿날 요한이 예수께서 자기에게 나아오심을 보고 이르되 보라 세상 죄를 지고 가는 하나님의 어린양이로다"

엡 5:1-2 "[1]그러므로 사랑을 받는 자녀같이 너희는 하나님을 본받는 자가 되고 [2]그리스도께서 너희를 사랑하신 것같이 너희도 사랑 가운데서 행하라 그는 우리를 위하여 자신을 버리사 향기로운 제물과 희생제물로 하나님께 드리셨느니라"

우리가 화제로 하나님께 드려지기 위해서는 어떻게 해야 합니까?

첫째, 고운 가루가 되어야 합니다.

신 24:6 "사람이 맷돌이나 그 위짝을 전당 잡지 말지니 이는 그 생명을 전당잡음이니라"(참조: 삿 9:53-위짝=아비멜렉)

맷돌 위짝은 구약, 아래짝은 신약을 상징합니다. 우리가 생명의 말씀 가운데 들어가야 자기 의를 다 깨뜨릴 수 있습니다.

둘째, 나의 의를 십자가에서 못 박아야 합니다.

골 3:5 "그러므로 땅에 있는 지체를 죽이라 곧 음란과 부정과 사욕과 악한 정욕과 탐심이니 탐심은 우상 숭배니라"(참조: 엡 1:10; 약 3:17)

맷돌 안에 들어가서 고운 가루가 되어 나온 자들과 자기의 지체를 십자가에 못 박은 자들에게서 생명의 냄새, 향기로운 유향 냄새가 나는 것입니다. 이것을 예수님께서는 받으십니다.

3. 몰약=영원히 썩지 않는 약(부활 생명의 영원함을 뜻함)

하나님께서는 우리가 땅에 있는 지체를 다 십자가에 못 박고 죽으면 그대로 두지 않으십니다. 하나님은 산 자의 하나님이시기 때문에 (눅 20:38) 우리를 부활 생명으로 살리셔서 자녀가 되게 하십니다.

행 2:24 "하나님께서 그를 사망의 고통에서 풀어 살리셨으니 이는 그가 사망에 매여 있을 수 없었음이라"(참조: 마 19:26 "하나님으로서는 다 하실 수 있느니라")

하나님께서는 이때부터 창조의 역사를 시작하십니다(말씀으로, 신약과 구약으로 우리 몸에 바르심).

요 1:1 "태초에 말씀이 계시니라 이 말씀이 하나님과 함께 계셨으니 이 말씀은 곧 하나님이시니라"

이 말씀, 구약과 신약으로 우리를 부활 생명으로 거듭나게 하시어 영원히 썩지 않는 자기의 영광의 몸의 형체로 변하게 하시는 것입니다(참조: 엡 5:26).

벧전 1:23 "너희가 거듭난 것은 썩어질 씨로 된 것이 아니요 썩지 아니할 씨로 된 것이니 살아 있고 항상 있는 하나님의 말씀으로 되었느니라"

빌 3:21 "그는 만물을 자기에게 복종하게 하실 수 있는 자의 역사로 우리의 낮은 몸을 자기 영광의 몸의 형체와 같이 변하게 하시리라"

그래서 예수님께서는 말씀하십니다.

요 11:25-26 "²⁵예수께서 이르시되 나는 부활이요 생명이니 나를 믿는 자는 죽어도 살겠고 ²⁶무릇 살아서 나를 믿는 자는 영원히 죽지 아니하리니 이것을 네가 믿느냐"

요 6:27 "썩을 양식을 위하여 일하지 말고 영생하도록 있는 양식을 위하여 하라 이 양식은 인자가 너희에게 주리니 인자는 아버지 하나님께서 인치신 자니라"

우리는 예수님께서 선물로 영적 의미의 황금과 유향과 몰약을 원하신다는 것을 기억해야 합니다.

출 12:15-16 "¹⁵너희는 이레 동안 무교병을 먹을지니 그 첫날에 누룩을 너희 집에서 제하라 무릇 첫날부터 일곱째 날까지 유교병을 먹는 자는 이스라엘에서 끊어지리라 ¹⁶너희에게 첫날에도 성회요 일곱째 날에도 성회가 되리니 너희는 이 두 날에는 아무 일도 하지 말고 각자의 먹을 것만 갖출 것이니라"

공의로운 해가 나에게서 떠오르게 하자

말 4:2 "내 이름을 경외하는 너희에게는 공의로운 해가 떠올라서 치료하는 광선을 비추리니 너희가 나가서 외양간에서 나온 송아지같이 뛰리라"

오늘날 예수님을 영접하고(요 1:12) 하나님을 믿는 예수님의 제자라는 사람들이 입으로는 '주여, 주여' 하면서 하나님께 찬송하고 경배하며 예배를 드리면서도(마 7:21-23; 사 1:12-13, 29:13) 세상 사람들보다 더 불법을 행하여 조롱을 당하고 있습니다. 이것은 아직도 공의로운 해가 그들 안에서 떠오르지 않아 흑암의 권세 아래 매여 있으면서 하나님의 이름 앞에 굴복지 않고 순종하지 않으며 유혹의 욕심을 따라 썩어져 가는 구습을 좇는 옛사람 그대로(엡 4:22) 예배당에 다니기 때문입니다.

하나님의 이름을 경외하기 위해서는 옛사람을 벗어 버리고 심령이 새롭게 되어 하나님을 따라 의와 진리의 거룩함으로 지으심을 받은 새사람이 되어야 합니다.

엡 4:22-24 "²²너희는 유혹의 욕심을 따라 썩어져 가는 구습을 따르는 옛사람을 벗어 버리고 ²³오직 너희의 심령이 새롭게 되어 ²⁴하나님을 따라 의와 진리의 거룩함으로 지으심을 받은 새사람을 입으라"

여기서 '의'는 하나님의 의가 되시는 예수님을 말합니다.

롬 1:17 "복음에는 하나님의 의가 나타나서 믿음으로 믿음에 이르게 하나니 기록된바 오직 의인은 믿음으로 말미암아 살리라 함과 같으니라"(참조: 사 26:7 "의인의 길은 정직함이여 정직하신 주께서 의인의 첩경을 평탄하게 하시도다," 첩경: 빠른 방법, 지름길)

성령이 진리이고, 하나님이 진리이고, 예수님이 진리이며, 기록된 성경 말씀이 진리이며, 예수님이 선포하신 천국 복음이 진리입니다 (참조: 시 31:5 "내가 나의 영을")

요 16:13 "그러나 진리의 성령이 오시면 그가 너희를 모든 진리 가운데로 인도하시리니 그가 스스로 말하지 않고 오직 들은 것을 말하며 장래 일을 너희에게 알리시리라"

거룩함은 세상과 구별됨을 뜻합니다.

벧전 1:15-16 "¹⁵오직 너희를 부르신 거룩한 이처럼 너희도 모든 행실에 거룩한 자가 되라 ¹⁶기록되었으되 내가 거룩하니 너희도 거룩할지어다 하셨느니라"(참조: 사 62:12 "사람들이 너를 일컬어 거룩한 백성이라")

이러한 자들이 하나님을 따라 의와 진리의 거룩함으로 지으심을 받는 새사람이며 하나님의 이름을 경외하는 자들입니다(경외=하나님을 공경하며 어려워하는 것).

잠 19:23 "여호와를 경외하는 것은 사람으로 생명에 이르게 하는 것이라 경외하는 자는 족하게 지내고 재앙을 당하지 아니하느니라"

예를 들면 동방 박사들이 하나님을 경외하는 자들입니다.

마 2:11 "집에 들어가 아기와 그의 어머니 마리아가 함께 있는 것을 보고 엎드려 아기께 경배하고 보배합을 열어 황금과 유향과 몰약을 예물로 드리니라"(경배: 예수님은 높이고 자신은 낮은 자리에서 엎드리는 것)

이런 자들에게 '공의로운 해'가 되시는 하나님(예수님)께서 떠오르십니다.

시 84:11 "여호와 하나님은 해요 방패이시라 여호와께서 은혜와 영화를 주시며 정직하게 행하는 자에게 좋은 것을 아끼지 아니하실 것임이니이다"

참 빛 되신 예수님(요 1:9)이 나에게 떠오르면 흑암의 권세자가 얼씬도 못 하도록 예수님이 나의 방패가 되어 주십니다.
하나님께서는 우리를 긍휼히 여기사 우리에게 돋는 해가 임하게 하십니다(예수님을 영접해야 함-요 1:12-13).

눅 1:78-79 "[78]이는 우리 하나님의 긍휼로 인함이라 이로써 돋는 해가 위로부터 우리에게 임하여 [79]어둠과 죽음의 그늘에 앉은 자에게 비치고 우리 발을 평강의 길로 인도하시리로다 하니라"

이러한 자들이 하나님께 구원받는 자들이며, 하나님의 사랑하는 아들의 나라에서 속량 곧 죄 사함을 받는 자들입니다.

골 1:13-14 "[13]그가 우리를 흑암의 권세에서 건져 내사 그의 사랑의 아들의 나라로 옮기셨으니 [14]그 아들 안에서 우리가 속량 곧 죄 사함을 얻었도다"

이렇게 하나님의 사랑의 아들의 나라로 옮겨지고 속량 곧 죄 사함을 받는 자들은 장차 하나님이 동방에 창설한 에덴동산에서 하나님과 동행하는 삶을 누리며, 이 땅에서도 에녹과 같이 하나님과 동행하면서 천국을 누려야 살아갑니다(참조: 사 51:3-에덴).

창 2:8 "여호와 하나님이 동방의 에덴에 동산을 창설하시고 그 지으신 사람을 거기 두시니라"

에녹은 하나님과 뜻이 같은 자였습니다. 하나님과 동행하기 위해서는 우리의 뜻이 하나님과 같아야 합니다(참조: 빌 3:14-푯대).

암 3:3 "두 사람이 뜻이 같지 않은데 어찌 동행하겠으며"

그래서 예수님께서는 하나님의 나라에 대해서 말씀하십니다.

눅 17:21 "또 여기 있다 저기 있다고도 못 하리니 하나님의 나라는 너희 안에 있느니라"

하나님의 나라에서 살기 위해서는 세상에서 나와 구별된 삶을 살아가야 합니다.

마 13:43 "그때에 의인들은 자기 아버지 나라에서 해와 같이 빛나리라"

이때부터 여호와 하나님께서는 치료하는 광선을 발하여 주십니다.

사 30:26 "여호와께서 자기 백성의 상처를 싸매시며 그들의 맞은 자리를 고치시는 날에는 달빛은 햇빛 같겠고 햇빛은 일곱 배가 되어 일곱 날의 빛과 같으리라"(참조: 사 1:4-6-왜 상처를 입는가?)

모든 질병과 고통에서 치유함을 받고 모든 매임에서 자유함을 얻을 때, 새로운 창조의 역사가 나를 통하여 일어나기 시작합니다.

삼하 23:4 "그는 돋는 해의 아침 빛 같고 구름 없는 아침 같고 비 내린 후의 광선으로 땅에서 움이 돋는 새 풀 같으니라 하시도다"

사 4:2 "그날에 여호와의 싹이 아름답고 영화로울 것이요 그 땅의 소산은 이스라엘의 피난한 자를 위하여 영화롭고 아름다울 것이며"

하나님께서는 이러한 새 풀과 땅을 사용하시어 씨 맺는 채소와 씨 가진 열매 맺는 나무를 내십니다.

창 1:12 "땅이 풀과 각기 종류대로 씨 맺는 채소와 각기 종류대로 씨 가진 열매 맺는 나무를 내니 하나님이 보시기에 좋았더라"(참조: 창 1:2- 우리의 양식)

하나님께서는 이러한 풀과 좋은 땅을 사용하십니다.
풀은 연약함을 상징합니다.

사 40:6-7 "⁶말하는 자의 소리여 이르되 외치라 대답하되 내가 무엇이라 외치리이까 하니 이르되 모든 육체는 풀이요 그의 모든 아름다움은 들의 꽃과 같으니 ⁷풀은 마르고 꽃이 시듦은 여호와의 기운이 그 위에 붊이라 이 백성은 실로 풀이로다"

시 100:1-3 "¹온 땅이여 여호와께 즐거운 찬송을 부를지어다 ²기쁨으로 여호와를 섬기며 노래하면서 그의 앞에 나아갈지어다 ³여호와가 우리 하나님이신 줄 너희는 알지어다 그는 우리를 지으신 이요 우리는 그의 것이니 그의 백성이요 그의 기르시는 양이로다"

이런 자들이 좋은 땅이 되어 하나님의 말씀을 성령을 통하여 깨닫고 혹 백 배, 혹 육십 배, 혹 삼십 배를 결실할 수 있습니다(마 13:23). 열매를 맺기 위해서는 오래 참음, 인내가 반드시 필요합니다.

눅 8:15 "좋은 땅에 있다는 것은 착하고 좋은 마음으로 말씀을 듣고 지키어 인내로 결실하는 자니라"

이러한 자들이 하늘의 별과 같은 자들입니다.

단 12:3 "지혜 있는 자는 궁창의 빛과 같이 빛날 것이요 많은 사람을 옳은 데로 돌아오게 한 자는 별과 같이 영원토록 빛나리라"

어떻게 해야 많은 사람을 옳은 데로 돌아오게 할 수 있을까요?

계 1:16 "그의 오른손에 일곱 별이 있고 그의 입에서 좌우에 날 선 검이 나오고 그 얼굴은 해가 힘있게 비치는 것 같더라"

'오른손'은 힘과 능력을 의미합니다.

출 15:6 "…여호와여 주의 오른손이 원수를 부수시니이다"

'일곱 별'은 완전한 별을 의미합니다(계 22:16).

계 1:20 "…일곱 별은 일곱 교회의 사자요…"

'검'은 하나님의 생명의 말씀입니다.

엡 6:17 "구원의 투구와 성령의 검 곧 하나님의 말씀을 가지라"

얼굴에 해가 힘 있게 비치는 자가 되어야 합니다.

시 84:11 "여호와 하나님은 해요 방패이시라 여호와께서 은혜와 영화를 주시며 정직하게 행하는 자에게 좋은 것을 아끼지 아니하실 것임이니이다"(참조: 약 1:17 "온갖 좋은 은사와 온전한 선물이 다 위로부터")

하나님께서는 이러한 자들을 마지막 날에 사용하시어 하나님의
종들의 이마에 인치실 것입니다.

계 7:1-4 "¹이 일 후에 내가 네 천사가 땅 네 모퉁이에 선 것을 보니 땅
의 사방의 바람을 붙잡아 바람으로 하여금 땅에나 바다에나 각종 나
무에 불지 못하게 하더라 ²또 보매 다른 천사가 살아 계신 하나님의
인을 가지고 해 돋는 데로부터 올라와서 땅과 바다를 해롭게 할 권세
를 받은 네 천사를 향하여 큰 소리로 외쳐 ³이르되 우리가 우리 하나
님의 종들의 이마에 인치기까지 땅이나 바다나 나무들을 해하지 말라
하더라 ⁴내가 인침을 받은 자의 수를 들으니 이스라엘 자손의 각 지파
중에서 인침을 받은 자들이 십사만 사천이니"

마지막 때에는 해 돋는 데로부터 온 자들을 하나님께서 사용하시
어 하나님의 종들의 이마에 인을 치십니다(참조: 사 43:1 "야곱아 너를 창
조하신…").

이런 자들이 하나님께서 택하신 왕 같은 제사장들이며(벧전 2:9),
이 땅에서도 하나님이 주신 권세를 누리면서 자유함 가운데 에녹과
같이 하나님과 동행하는 자들입니다.

천국은 송아지같이 어미 곁에서 자유롭게 마음껏 뛰놀다가 해가
지면 어미를 따라 집(천국)에 들어가는 것입니다.

마 19:14 "예수께서 이르시되 어린아이들을 용납하고 내게 오는 것을
금하지 말라 천국이 이런 사람의 것이니라 하시고"

마 18:3 "이르시되 진실로 너희에게 이르노니 너희가 돌이켜 어린아이

들과 같이 되지 아니하면 결단코 천국에 들어가지 못하리라"

송아지는 어미 곁에서 자유롭게 마음껏 뛰놀다가 배가 고프면 언제든지 어미 젖을 배부르게 먹습니다.
예수님을 영접하고 하나님을 믿는 성도라면 우리도 그리스도 예수 안에 거하며, 하나님께서 주시는 영이요 생명의 말씀, 천국 복음을 귀로만 듣지 말고 에스겔 선지자처럼(겔 2:8) 입을 벌려 먹어야 합니다.

> 벧전 2:2 "갓난아기들같이 순전하고 신령한 젖을 사모하라 이는 그로 말미암아 너희로 구원에 이르도록 자라게 하려 함이라"(참조: 사 66:11)

예수님을 영접하고 하나님을 믿는 성도라면 하나님의 생명의 말씀인 천국 복음을 먹고자 사모해야 합니다(참조: 눅 10:40-42-마르다와 마리아). 그런 자에게 하나님께서는 순전하고 신령한 젖을 하늘에서 한량없이 내려 주실 것입니다.

> 시 107:9 "그가 사모하는 영혼에게 만족을 주시며 주린 영혼에게 좋은 것으로 채워 주심이로다"(참조: 사 58:11)

신령한 젖(생명수)을 항아리 아귀까지 채웠을 때 물이 변하여 포도주가 됩니다.

> 요 2:7-9 "⁷예수께서 그들에게 이르시되 항아리에 물을 채우라 하신

즉 아귀까지 채우니 ^{8}이제는 떠서 연회장에게 갖다주라 하시매 갖다 주었더니 ^{9}연회장은 물로 된 포도주를 맛보고도 어디서 났는지 알지 못하되 물 떠온 하인들은 알더라 연회장이 신랑을 불러"

물 떠온 하인들만 이 포도주가 어디서 났는지 알고 있었습니다. 이 마지막 때에 하나님께서는 연회장인 목사나 장로나 권사가 아니라 묵묵히 주인의 말에 순종하고 따르는 하인들과 같은 자를 사용하시는 것입니다. 이런 자들의 심령에 의의 해가 되신 예수님이 떠오르십니다.

이러한 자들(계 7:2)이 마지막 때에 하나님의 인을 가지고 해 돋는 데로부터 올라와 종들의 이마에 인치는 것입니다(참조: 사 60:1 "일어나라 빛을 발하라").

하나님이 보시는 나의 모습

계 3:17-18 "네가 말하기를 나는 부자라 부요하여 부족한 것이 없다 하나 네 곤고한 것과 가련한 것과 가난한 것과 눈먼 것과 벌거벗은 것을 알지 못하도다 내가 너를 권하노니 내게서 불로 연단한 금을 사서 부요하게 하고 흰옷을 사서 입어 벌거벗은 수치를 보이지 않게 하고 안약을 사서 눈에 발라 보게 하라"(참조: 약 5:1-3)

어느 철학자가 한 말 중에 "너 자신을 알라"라는 말이 있습니다. 나 자신도 자기를 모른다는 말입니다.

잠 4:23 "모든 지킬 만한 것 중에 더욱 네 마음을 지키라 생명의 근원이 이에서 남이니라"

오늘날 예수님을 영접하고 하나님을 믿는 많은 사람들이 자신의 믿음을 자만하면서 하나님을 잘 믿는다고 생각하고 예배당에 나아와 '주여, 주여' 하면서 주님을 부르며 찬송과 예배를 드리고 있는데, 과연 하나님께서 기뻐하며 받으시는 예배인지 묻지 않을 수 없습니다.
우리 역시 아직도 거듭나지 못하고 원죄를 갖고(창 3:12; 사 51:5) 옛

사람 그대로 흑암의 권세자에게 매여 종 노릇 하면서 예배당에 나아와 입으로만 주님을 부르며 마음은 하나님에게서 멀리 떠나 있지 않은지 점검해 볼 필요가 있습니다.

잠 16:25 "어떤 길은 사람이 보기에 바르나 필경은 사망의 길이니라"

믿는 사람 중에도 하나님을 잘 믿고 열심으로 예배당에 다녀서 하나님께서 복을 주어서 부자가 되었다는 사람이 있는가 하면, 오직 자기의 수고와 열심으로 부를 일구었다는 사람도 있습니다. 우리가 어떻게 생각하고 마음을 먹든지 하나님께서는 우리의 심장을 살피며 폐부를 시험하고 그 행위와 행실대로 보응하신다는 것을 기억해야 합니다.

렘 17:10 "나 여호와는 심장을 살피며 폐부를 시험하고 각각 그의 행위와 그의 행실대로 보응하나니"(보응: 선악 간의 행위에 대한 되갚음)

부자 가운데에도 세상 사람들이 말하는 부자가 있고, 하나님이 인정하는 부자가 있습니다.

1. 세상 사람들이 말하는 부자(자기의 수고와 열심으로 부를 이룬 부자)

호 12:8 "에브라임이 말하기를 나는 실로 부자라 내가 재물을 얻었는데 내가 수고한 모든 것 중에서 죄라 할 만한 불의를 내게서 찾아낼 자 없으리라 하거니와"

하나님을 알지 못하는 자들은 자기의 수고와 열심으로 부를 쌓았다고 하면서 자기는 죄짓지 않고 재산을 모았다고 말합니다.

눅 16:19 "[19]한 부자가 있어 자색 옷과 고운 베옷을 입고 날마다 호화롭게 즐기더라 [20]그런데 나사로라 이름하는 한 거지가 헌 데 투성이로 그의 대문 앞에 버려진 채 [21]그 부자의 상에서 떨어지는 것으로 배불리려 하매 심지어 개들이 와서 그 헌 데를 핥더라 [22]이에 그 거지가 죽어 천사들에게 받들려 아브라함의 품에 들어가고 부자도 죽어 장사되매 [23]그가 음부에서 고통 중에 눈을 들어 멀리 아브라함과 그의 품에 있는 나사로를 보고"(참조: 나사로=하나님이 나의 도움이시다)

여기서 이 땅에서의 부자는 이름이 없습니다. 그러나 거지 나사로는 이름이 있으며 믿음의 조상인 아브라함과 함께하고 있습니다(참조: 요 10:3-4-양의 이름).

우리는 성경적인 재물관을 가지고 있어야 합니다.

전 5:19 "또한 어떤 사람에게든지 하나님이 재물과 부요를 그에게 주사 능히 누리게 하시며 제 몫을 받아 수고함으로 즐거워하게 하신 것은 하나님의 선물이라"

전 3:13 "사람마다 먹고 마시는 것과 수고함으로 낙을 누리는 그것이 하나님의 선물인 줄도 또한 알았도다"

그래서 하나님을 믿는 우리는 가난한 자들을 불쌍히 여겨 도와주어야 합니다.

잠 14:31 "가난한 사람을 학대하는 자는 그를 지으신 이를 멸시하는 자요 궁핍한 사람을 불쌍히 여기는 자는 주를 공경하는 자니라"

예수님께서는 왼편에 있는 염소들에게 이렇게 말씀하십니다.

마 25:42-43 "⁴²내가 주릴 때에 너희가 먹을 것을 주지 아니하였고 목마를 때에 마시게 하지 아니하였고 ⁴³나그네 되었을 때에 영접하지 아니하였고 헐벗었을 때에 옷 입히지 아니하였고 병들었을 때와 옥에 갇혔을 때에 돌보지 아니하였느니라 하시니"

하나님께서는 세상의 재물을 가지고 형제의 궁핍함을 보고도 도와주지 않는 자들에게는 하나님의 사랑이 그들 안에 없다고 말씀하십니다.

요일 3:17 "누가 이 세상의 재물을 가지고 형제의 궁핍함을 보고도 도와줄 마음을 닫으면 하나님의 사랑이 어찌 그 속에 거하겠느냐"

2. 하나님께서 인정하시는 부자

행 3:1-8 "¹제 구 시 기도 시간에 베드로와 요한이 성전에 올라갈새 ²나면서 못 걷게 된 이를 사람들이 메고 오니 이는 성전에 들어가는 사람들에게 구걸하기 위하여 날마다 미문이라는 성전 문에 두는 자라 ³그가 베드로와 요한이 성전에 들어가려 함을 보고 구걸하거늘 ⁴베드로가 요한과 더불어 주목하여 이르되 우리를 보라 하니 ⁵그가 그들에게서 무엇을 얻을까 하여 바라보거늘 ⁶베드로가 이르되 은과 금은 내게 없거니와 내게 있는 이것을 네게 주노니 나사렛 예수 그리스도의 이름으로 일어나 걸으라 하고 [7]오른손을 잡아 일으키니 발과 발목이 곧 힘을 얻고 [8]뛰어 서서 걸으며 그들과 함께 성전으로 들어가면서 걷기도 하고 뛰기도 하며 하나님을 찬송하니"

베드로와 요한에게는 세상 사람들의 눈에 보이지 않는 금과 은과 보석(보화)이 있었습니다.

금은 믿음을 의미합니다.

벧전 1:7 "너희 믿음의 확실함은 불로 연단하여도 없어질 금보다 더 귀하여 예수 그리스도께서 나타나실 때에 칭찬과 영광과 존귀를 얻게 할 것이니라"

은은 생명의 말씀, 무교병(출 12:15)을 뜻합니다.

시 12:6 "여호와의 말씀은 순결함이여 흙 도가니에 일곱 번 단련한 은 같도다"

보화는 예수 그리스도를 가리킵니다.

골 2:2-3 "[2]이는 그들로 마음에 위안을 받고 사랑 안에서 연합하여 확실한 이해의 모든 풍성함과 하나님의 비밀인 그리스도를 깨닫게 하려 함이니 [3]그 안에는 지혜와 지식의 모든 보화가 감추어져 있느니라"

예수님을 영접하고 하나님을 믿는 우리는 진짜 부자가 누구인지 깨달아야 합니다.

롬 14:17 "하나님의 나라는 먹는 것과 마시는 것이 아니요 오직 성령 안에 있는 의와 평강과 희락이라"

예수님께서는 우리를 불쌍히 여기시어 금을 사서 부요하게 하고, 흰옷을 사서 입어 벌거벗은 수치를 보이지 않게 하고, 안약을 사서 눈에 발라 보게 하라고 말씀하십니다.

1. 금은 믿음을 뜻합니다.

벧전 1:7 "너희 믿음의 확실함은 불로 연단하여도 없어질 금보다 더 귀하여 예수 그리스도께서 나타나실 때에 칭찬과 영광과 존귀를 얻게 할 것이니라"

욥 23:10 "그러나 내가 가는 길을 그가 아시나니 그가 나를 단련하신 후에는 내가 순금같이 되어 나오리라"

그러면 정금은 어디에서 캘 수 있습니까?

창 2:10-12 "¹⁰강이 에덴에서 흘러나와 동산을 적시고 거기서부터 갈라져 네 근원이 되었으니 ¹¹첫째의 이름은 비손이라 금이 있는 하윌라 온 땅을 둘렀으며 ¹²그 땅의 금은 순금이요 그곳에는 베델리엄과 호마노도 있으며"

정금은 에덴에서 흘러내리는 생명수, 첫째 강에서만 구할 수 있습니다.

이 말씀을 영적으로 이해한다면, 생명수는 하나님의 생명의 말씀을 비유하기 때문에(엡 5:26) 천국 복음, 생명의 말씀에서만 금을 캘 수 있으며, 금은 곧 믿음이므로(벧전 1:7) 생명수를 먹어야만 정금 같은 믿음이 생긴다는 것입니다.

그래서 동방에서 온 박사들도 예수님께 황금(정금)을 드렸습니다. 정금 같은 믿음이 있는 자들이 예수님을 만날 수 있습니다.

> 마 2:11 "집에 들어가 아기와 그의 어머니 마리아가 함께 있는 것을 보고 엎드려 아기께 경배하고 보배합을 열어 황금과 유향과 몰약을 예물로 드리니라"

2. 흰옷은 세마포를 의미합니다.

오늘날 많은 신도(종교인)들이 구원의 옷과 의의 겉옷을 입지 않고 예수님을 따라다니고 있습니다(예: 마가).

> 막 14:51-52 "⁵¹한 청년이 벗은 몸에 베 홑이불을 두르고 예수를 따라가다가 무리에게 잡히매 ⁵²베 홑이불을 버리고 벗은 몸으로 도망하니라"

예수님께서는 오늘도 말씀하십니다.

> 계 16:15 "보라 내가 도둑같이 오리니 누구든지 깨어 자기 옷을 지켜 벌거벗고 다니지 아니하며 자기의 부끄러움을 보이지 아니하는 자는

복이 있도다"(참조: 욥 13:28)

우리가 구원의 옷을 입기 위해서는 성령 세례를 받아야 합니다.

갈 3:27 "누구든지 그리스도와 합하기 위하여 세례를 받은 자는 그리스도로 옷 입었느니라"

그래야 우리 영혼이 하나님으로 인하여 기뻐합니다. 우리는 구원의 옷을 입고, 또 의의 겉옷을 입어야 합니다.

사 61:10 "내가 여호와로 말미암아 크게 기뻐하며 내 영혼이 나의 하나님으로 말미암아 즐거워하리니 이는 그가 구원의 옷을 내게 입히시며 공의의 겉옷을 내게 더하심이 신랑이 사모를 쓰며 신부가 자기 보석으로 단장함 같게 하셨음이라"

의의 겉옷인 세마포는 우리의 옳은 행실을 통하여 입을 수 있습니다.

계 19:7-8 "⁷우리가 즐거워하고 크게 기뻐하며 그에게 영광을 돌리세 어린양의 혼인 기약이 이르렀고 그의 아내가 자신을 준비하였으므로 ⁸그에게 빛나고 깨끗한 세마포 옷을 입도록 허락하셨으니 이 세마포 옷은 성도들의 옳은 행실이로다 하더라"(참조: 요 19:23-24 군인들이)

옳은 행실을 한다는 것은 곧 빛의 열매를 맺는 것입니다.

엡 5:9 "빛의 열매는 모든 착함과 의로움과 진실함에 있느니라"

이러한 자들이 흰옷 입은 자들이며, 장차 어린양 앞에 설 수 있습니다.

계 7:9-10 "⁹이 일 후에 내가 보니 각 나라와 족속과 백성과 방언에서 아무도 능히 셀 수 없는 큰 무리가 나와 흰옷을 입고 손에 종려가지를 들고 보좌 앞과 어린양 앞에 서서 ¹⁰큰 소리로 외쳐 이르되 구원하심이 보좌에 앉으신 우리 하나님과 어린양에게 있도다 하니"(참조: 요 4:35-추수 때, 단 12:10)

3. 안약은 영안이 열린 것을 뜻합니다.

사 43:8 "눈이 있어도 보지 못하고 귀가 있어도 듣지 못하는 백성을 이끌어 내라"(참조: 마 13:15)

우리가 예수님을 만나면 자신이 육신의 눈은 있으나 영적으로는 맹인이었음을 알게 됩니다.
사울은 다메섹으로 가는 길에서 예수님을 만났으나 볼 수는 없었습니다.

행 9:8 "사울이 땅에서 일어나 눈은 떴으나 아무것도 보지 못하고 사람의 손에 끌려 다메섹으로 들어가서"

하나님을 믿는 성도라면 예수님을 영적으로 만나야 창조의 역사가 일어나 영안이 열려 볼 수 있는 것입니다.

> 요 9:6-7 "⁶이 말씀을 하시고 땅에 침을 뱉어 진흙을 이겨 그의 눈에 바르시고 ⁷이르시되 실로암 못에 가서 씻으라 하시니 (실로암은 번역하면 보냄을 받았다는 뜻이라) 이에 가서 씻고 밝은 눈으로 왔더라"(진흙=흙에 물이 들어가야 진흙이 됨)

실로암 못에는 물이 있었습니다. 물은 성경에서 영적으로 말씀을 의미합니다(엡 5:26).

> 엡 5:26 "이는 곧 물로 씻어 말씀으로 깨끗하게 하사 거룩하게 하시고"

하나님께서는 태초에 말씀으로 만물을 창조하셨습니다.

날 때부터 맹인인 자가 예수님께서 보내신 실로암 못에서 물로 씻고 밝은 눈으로 돌아왔습니다(참조: 사 55:1 "너희 목마른 자들아 물로 나아오라"). 실로암 못에서 물(말씀)로 씻었을때 눈이 밝아진 것입니다. 영적으로 물은 생명의 말씀을 의미합니다.

우리가 생명의 말씀, 신약과 구약을 보고 읽어야 눈이 밝아지는 것입니다(예: 사울=바울).

> 행 9:17-18 "¹⁷아나니아가 떠나 그 집에 들어가서 그에게 안수하여 이르되 형제 사울아 주 곧 네가 오는 길에서 나타나셨던 예수께서 나를 보내어 너로 다시 보게 하시고 성령으로 충만하게 하신다 하니 ¹⁸즉시 사울의 눈에서 비늘 같은 것이 벗어져 다시 보게 된지라"

성령 충만함이 맹인 된 눈을 밝게 합니다. 성령은 곧 진리입니다. 진리는 하나님 말씀, 천국 복음입니다. 이 진리 가운데로 들어가야 영안이 열리는 것입니다.

그러므로 성령 세례를 받아야 합니다.

요 16:13 "그러나 진리의 성령이 오시면 그가 너희를 모든 진리 가운데로 인도하시리니 그가 스스로 말하지 않고 오직 들은 것을 말하며 장래 일을 너희에게 알리시리라"

마지막 때는 금(믿음)과 흰옷(세마포)과 안약(열린 영안)이 있어야 하늘나라 혼인 잔치에 참여할 수 있다는 것을 꼭 기억하시기 바랍니다.

나의 형편을 살펴보자

마 12:43-45 "더러운 귀신이 사람에게서 나갔을 때에 물 없는 곳으로 다니며 쉬기를 구하되 쉴 곳을 얻지 못하고 이에 이르되 내가 나온 내 집으로 돌아가리라 하고 와 보니 그 집이 비고 청소되고 수리되었거늘 이에 가서 저보다 더 악한 귀신 일곱을 데리고 들어가서 거하니 그 사람의 나중 형편이 전보다 더욱 심하게 되느니라 이 악한 세대가 또한 이렇게 되리라"

우리가 예수님을 영접하고 하나님을 믿으면서, 처음에는 교회에 열심으로 다니며 은혜 받았다고 전도도 하면서 많은 모임에도 참여합니다. 그러다 서서히 믿음이 미지근해집니다. 그러나 그런 자들에게 예수님께서는 "뜨겁지도 아니하고 차지도 아니하니 내 입에서 너를 토하여 버리리라"(계 3:16)라고 말씀하십니다.

사 1:12-13 "¹²너희가 내 앞에 보이러 오니 이것을 누가 너희에게 요구하였느냐 내 마당만 밟을 뿐이니라 ¹³헛된 제물을 다시 가져오지 말라 분향은 내가 가증히 여기는 바요 월삭과 안식일과 대회로 모이는 것도 그러하니 성회와 아울러 악을 행하는 것을 내가 견디지 못하겠노라"

(참조: 마 7:21 "나더러 주여 주여 하는 자마다")

오늘날 교회에서 왜 이러한 현상이 일어날까요?

벧후 2:20-22 "[20]만일 그들이 우리 주 되신 구주 예수 그리스도를 앎으로 세상의 더러움을 피한 후에 다시 그중에 얽매이고 지면 그 나중 형편이 처음보다 더 심하리니 [21]의의 도를 안 후에 받은 거룩한 명령을 저버리는 것보다 알지 못하는 것이 도리어 그들에게 나으니라 [22]참된 속담에 이르기를 개가 그 토하였던 것에 돌아가고 돼지가 씻었다가 더러운 구덩이에 도로 누웠다 하는 말이 그들에게 응하였도다"

예수님께서는 마태복음 7장 6절에서 말씀하시기를 "거룩한 것을 개에게 주지 말며 너희 진주를 돼지 앞에 던지지 말라 그들이 그것을 발로 밟고 돌이켜 너희를 찢어 상하게 할까 염려하라"라고 했습니다.

베드로후서 2장 20-22절에서 말하는 이러한 사람들을 성경에서는 간음한 여자라고 합니다.

약 4:4 "간음한 여인들아 세상과 벗 된 것이 하나님과 원수 됨을 알지 못하느냐 그런즉 누구든지 세상과 벗이 되고자 하는 자는 스스로 하나님과 원수 되는 것이니라"(참조: 요 8:3-11-간음한 여인)

마 6:24 "한 사람이 두 주인을 섬기지 못할 것이니 혹 이를 미워하고 저를 사랑하거나 혹 이를 중히 여기며 저를 경히 여김이라 너희가 하나님과 재물을 겸하여 섬기지 못하느니라"

그래서 예수님을 영접하고 섬기는 성도라면 땅의 지체를 십자가에 못 박아야 합니다(참조: 갈 2:20).

골 3:5 "그러므로 땅에 있는 지체를 죽이라 곧 음란과 부정과 사욕과 악한 정욕과 탐심이니 탐심은 우상 숭배니라"(참조: 행 7:42)

하나님께서는 의인이 그 공의에서 돌이켜 악을 행할 때에는 이미 행한 공의는 기억하지 않고, 오늘날 행한 죄에 대하여 대가를 치르게 하십니다.

겔 3:20 "또 의인이 그의 공의에서 돌이켜 악을 행할 때에는 이미 행한 그의 공의는 기억할 바 아니라 내가 그 앞에 거치는 것을 두면 그가 죽을지니 이는 네가 그를 깨우치지 않음이니라 그는 그의 죄 중에서 죽으려니와 그의 피 값은 내가 네 손에서 찾으리라"

겔 18:24 "만일 의인이 돌이켜 그 공의에서 떠나 범죄하고 악인이 행하는 모든 가증한 일대로 행하면 살겠느냐 그가 행한 공의로운 일은 하나도 기억함이 되지 아니하리니 그가 그 범한 허물과 그 지은 죄로 죽으리라"(참조: 그래서 처음보다 나중 형편이 더 어려워지는 것임)

1. 왜 귀신이 사람에게서 나갔습니까?

흑암의 권세 아래서 종 노릇 하던 사람이 하나님의 나라로 옮겨짐으로 인하여(골 1:13) 참 빛 곧 생명의 빛이 그에게 들어가므로(요 1:9) 귀신이 놀라서 그 사람에게서 나간 것입니다(참조: 엡 5:8).

요 1:12-13 "¹²영접하는 자 곧 그 이름을 믿는 자들에게는 하나님의 자녀가 되는 권세를 주셨으니 ¹³이는 혈통으로나 육정으로나 사람의 뜻으로 나지 아니하고 오직 하나님께로부터 난 자들이니라"

하나님의 자녀 곧 빛의 자녀가 되었기에 어둠의 종인 귀신이 나간 것입니다.

2. 귀신은 누가, 어떻게 쫓아냈습니까?

예수님께서 성령과 하나님의 손을 힘입어 귀신을 쫓아냈습니다 (막 5:1-15-군대 귀신, 막 9:17-27, 벙어리 귀신, 귀먹은 귀신).

마 12:28 "그러나 내가 하나님의 성령을 힘입어 귀신을 쫓아내는 것이면 하나님의 나라가 이미 너희에게 임하였느니라"

눅 11:20 "그러나 내가 만일 하나님의 손을 힘입어 귀신을 쫓아낸다면 하나님의 나라가 이미 너희에게 임하였느니라"(참조: 출 15:6-주의 오른손)

3. 왜 귀신은 물 없는 곳을 찾아다닐까요?

벧전 3:21 "물은 예수 그리스도께서 부활하심으로 말미암아 이제 너희를 구원하는 표니 곧 세례라 이는 육체의 더러운 것을 제하여 버림이 아니요 하나님을 향한 선한 양심의 간구니라"

엡 5:26 "이는 곧 물로 씻어 말씀으로 깨끗하게 하사 거룩하게 하시고"

히 10:22 "우리가 마음에 뿌림을 받아 악한 양심으로부터 벗어나고 몸은 맑은 물로 씻음을 받았으니 참 마음과 온전한 믿음으로 하나님께 나아가자"

물은 우리를 구원하는 표이고 생명의 말씀이기에, 만물보다 더러운 우리의 마음(렘 17:9)을 깨끗히 씻어 우리가 참 마음과 온전한 믿음으로 하나님을 찾아가게 합니다. 그래서 예수님께서 십자가에서 다 이루시고(요 19:30) 옆구리를 통하여 피와 물을 흘려 주신 것입니다.

요 19:34 "그중 한 군인이 창으로 옆구리를 찌르니 곧 피와 물이 나오더라"(피=레 17:1-생명, 물=엡 5:26, 말씀=생명의 말씀=생명수)

이 생명수는 하나님과 어린양의 보좌로부터 나오며(계 22:1-2) 성전 문지방 밑에서 흘러내립니다(겔 47:1).

계 22:1-2 "¹또 그가 수정같이 맑은 생명수의 강을 내게 보이니 하나님과 및 어린양의 보좌로부터 나와서 ²길 가운데로 흐르더라 강 좌우에 생명나무가 있어 열두 가지 열매를 맺되 달마다 그 열매를 맺고 그 나무 잎사귀들은 만국을 치료하기 위하여 있더라"

겔 47:1 "그가 나를 데리고 성전 문에 이르시니 성전의 앞면이 동쪽을 향하였는데 그 문지방 밑에서 물이 나와 동쪽으로 흐르다가 성전 오른쪽 제단 남쪽으로 흘러내리더라"

그래서 귀신이 물 없는 곳을 찾아다닌 것입니다.

4. 그러면 이 생명수가 어떻게 나에게 흘러 들어올까요?

요일 5:6-8 "⁶이는 물과 피로 임하신 이시니 곧 예수 그리스도시라 물로만 아니요 물과 피로 임하셨고 증언하는 이는 성령이시니 성령은 진리니라 ⁷증언하는 이가 셋이니 ⁸성령과 물과 피라 또한 이 셋은 합하여 하나이니라"

물(말씀), 피(생명), 성령(진리), 이 셋이 합하여 하나입니다. 그래서 세례 요한이 성령과 불로 세례를 받으라고 광야에서 외쳤던 것입니다(마 3:11).

5. 물도 두 종류의 물이 있습니다.

창 1:6-7 "⁶하나님이 이르시되 물 가운데에 궁창이 있어 물과 물로 나뉘라 하시고 ⁷하나님이 궁창을 만드사 궁창 아래의 물과 궁창 위의 물로 나뉘게 하시니 그대로 되니라"

궁창 아래의 물을 먹는 자와 궁창 위의 물을 먹는 자는 그 길이 각각 지옥(음부)과 천국으로 나뉩니다.

출 12:15 "너희는 이레 동안 무교병을 먹을지니 그 첫날에 누룩을 너희 집에서 제하라 무릇 첫날부터 일곱째 날까지 유교병을 먹는 자는 이스라엘에서 끊어지리라"

무엇을 먹느냐에 따라 우리의 길이 갈립니다.

잠 16:25 "어떤 길은 사람이 보기에 바르나 필경은 사망의 길이니라"

왕상 17:3-7 "³너는 여기서 떠나 동쪽으로 가서 요단 앞 그릿 시냇가에 숨고 ⁴그 시냇물을 마시라 내가 까마귀들에게 명령하여 거기서 너를 먹이게 하리라 ⁵그가 여호와의 말씀과 같이 하여 곧 가서 요단 앞 그릿 시냇가에 머물매 ⁶까마귀들이 아침에도 떡과 고기를, 저녁에도 떡과 고기를 가져왔고 그가 시냇물을 마셨으나 ⁷땅에 비가 내리지 아니하므로 얼마 후에 그 시내가 마르니라"(참조: 신 8:3 "사람이 떡으로만 사는 것이 아니요 여호와의 입에서 나오는 모든 말씀으로 사는 줄을…", 고기=민 11:33)

엘리야는 까마귀를 통해 양식을 공급받았습니다. 까마귀는 부정한 새이며(레 11:13-15) 세상 물이 있는 곳에만 들락거립니다.

창 8:7 "까마귀를 내놓으매 까마귀가 물이 땅에서 마르기까지 날아 왕래하였더라"

궁창 아래의 물을 먹는 것은 까마귀들이 주는 떡과 고기를 먹는 것입니다.
예수님을 영접하고 하나님을 믿는 성도라면 비둘기(성령)가 주는 생명수(요 16:13)를 먹어야 합니다(무교병=요 6:51; 창 15:9-비둘기는 취해야 함; 요2:16).

6. 집이 비고 청소되고 수리되었습니다(마 12:44).

고전 3:9 "우리는 하나님의 동역자들이요 너희는 하나님의 밭이요 하나님의 집이니라"

집에는 주인이 있어야 합니다. 아무리 좋은 집이라도 빈집이면, 깨끗이 청소되고 수리되었다 할지라도 또다시 더러워지고 허물어집니다. 예수님을 영접하고 믿는 성도라면 우리의 주인이신 예수님이 그 안에 계셔야 합니다.

예수님께서는 외식하는 자들에게 겉만 깨끗하게 하지 말고 안도 깨끗이 하라고 말씀하셨습니다.

마 23:25-29 "[25]화 있을진저 외식하는 서기관들과 바리새인들이여 잔과 대접의 겉은 깨끗이 하되 그 안에는 탐욕과 방탕으로 가득하게 하는도다 [26]눈먼 바리새인이여 너는 먼저 안을 깨끗이 하라 그리하면 겉도 깨끗하리라 [27]화 있을진저 외식하는 서기관들과 바리새인들이여 회칠한 무덤 같으니 겉으로는 아름답게 보이나 그 안에는 죽은 사람의 뼈와 모든 더러운 것이 가득하도다 [28]이와 같이 너희도 겉으로는 사람에게 옳게 보이되 안으로는 외식과 불법이 가득하도다 [29]화 있을진저 외식하는 서기관들과 바리새인들이여 너희는 선지자들의 무덤을 만들고 의인들의 비석을 꾸미며 이르되"

즉, 주인이 없어 귀신들이 모여 들었던 것입니다.

7. 가서 저보다 더 악한 귀신 일곱을 데리고 들어갔습니다(마 12:45).

귀신이 물 없는 곳을 찾다가 못 찾고 본래 살다가 나왔던 옛집에 돌아가 보았습니다. 물도 없고 수리되고 깨끗이 페인트까지 칠해져서 겉으로 보기에는 깨끗하고 아름다운데, 주인도 없고 안에는 더러운 것들과 죽은 사람의 뼈들이 가득 채워져 있으므로 자기가 살기에 안성맞춤이었습니다. 이에 더 악한 귀신 일곱까지 데려와서 함께 살게 됨으로 처음 형편보다 나중 형편이 더욱 심하게 되었던 것입니다(참조: 렘 17:9).

이러한 집을 성경에서는 모래 위의 집이라 합니다.

마 7:26-27 "[26]나의 이 말을 듣고 행하지 아니하는 자는 그 집을 모래 위에 지은 어리석은 사람 같으리니 [27]비가 내리고 창수가 나고 바람이 불어 그 집에 부딪치매 무너져 그 무너짐이 심하니라"

8. 예수님을 영접하고 믿는 성도라면 어떤 집을 지어야 귀신이 얼씬도 못 할까요?

잠 24:3-4 "[3]집은 지혜로 말미암아 건축되고 명철로 말미암아 견고하게 되며 [4]또 방들은 지식으로 말미암아 각종 귀하고 아름다운 보배로 채우게 되느니라"

잠 21:20 "지혜 있는 자의 집에는 귀한 보배와 기름이 있으나 미련한 자는 이것을 다 삼켜 버리느니라"

골 2:3 "그 안에는 지혜와 지식의 모든 보화가 감추어져 있느니라"

이렇게 그리스도 예수님이라는 반석 위에 지은 집입니다.

마 7:24-25 "²⁴그러므로 누구든지 나의 이 말을 듣고 행하는 자는 그 집을 반석 위에 지은 지혜로운 사람 같으리니 ²⁵비가 내리고 창수가 나고 바람이 불어 그 집에 부딪치되 무너지지 아니하나니 이는 주추를 반석 위에 놓은 까닭이요"

예수님을 영접하고 하나님을 믿는 성도라면 하나님의 생명의 말씀을 한 귀로 듣고 그냥 흘려 버리지 말고(마 9:20-22-혈루증 여인) 입을 크게 벌리고 먹어야(겔 2:8), 하나님의 생명의 말씀(생명수)이 그 안에서 살아서 역사하사(히 4:12-13) 어둠에 숨어 사는 귀신이 일곱 길로 도망하여 나갈 것입니다.

사랑하는 성도 여러분 모두가 하나님이 위에서 부르신 부름의 상을 위하여 푯대가 되시는 예수님만 바라보고 의지하며 에녹과 같이 주님과 동행하는(창 5:21-24) 삶을 살아가는 하나님의 자녀들이 되시길 축원합니다.

빌 3:14 "푯대를 향하여 그리스도 예수 안에서 하나님이 위에서 부르신 부름의 상을 위하여 달려가노라"

하나님의 말씀을 깨닫자

요 1:5 "빛이 어둠에 비치되 어둠이 깨닫지 못하더라"

우리가 예수님께 접붙임 되어(롬 11:17) 그리스도 안에서 잎사귀가 무성히 있다고 하여 다 천국 곳간에 들어가는 것이 아닙니다. 하나님의 생명의 말씀, 천국 복음을 듣고 성령을 통하여 깨달아야 그것이 나에게 잘 박힌 못이 되어 체험할 수 있으며, 그때부터 빛의 열매를 맺고(엡 5:9) 자라기 시작합니다.

골 1:6 "이 복음이 이미 너희에게 이르매 너희가 듣고 참으로 하나님의 은혜를 깨달은 날부터 너희 중에서와 같이 또한 온 천하에서도 열매를 맺어 자라는도다"(참조: 마 13:23-좋은 땅=말씀을 깨닫는 자)

빛의 열매를 맺지 못하기 때문에 오늘날 교회가 세상과 구별되지 못하고 모욕을 당하며 잎사귀들만 무성하고 넘실거리는 것입니다(마 21:19, 참조: 엡 4:22-옛 사람 그대로)

엡 5:9 "빛의 열매는 모든 착함과 의로움과 진실함에 있느니라"

빛의 열매를 맺기 위해서는 참 빛 되신 예수님을 성령을 통하여 인격적으로 만나 그 빛을 받아야 합니다.

요 1:9 "참 빛 곧 세상에 와서 각 사람에게 비추는 빛이 있었나니"

참 빛 되신 예수님이 빛을 비춰 주시면 빛의 열매가 맺히고 그 열매가 자라가기 시작하며, 하나님께서 내려 주시는 지혜가 충만해지고, 늘 하나님의 은혜가 함께함으로 실족하지 않고 자라갑니다.

눅 2:40 "아기가 자라며 강하여지고 지혜가 충만하며 하나님의 은혜가 그의 위에 있더라"

그러므로 우리의 믿음이 굳건해지며 구원을 이루어 가는 것입니다.

빌 2:12 "그러므로 나의 사랑하는 자들아 너희가 나 있을 때뿐 아니라 더욱 지금 나 없을 때에도 항상 복종하여 두렵고 떨림으로 너희 구원을 이루라"(참조: 벧전 1:23-썩지 않을 말씀에 붙잡혀야 함)

어느 때까지 자라야 합니까? 천국 곳간에 들어갈 때까지입니다.

갈 5:22-23 "[22]오직 성령의 열매는 사랑과 희락과 화평과 오래 참음과 자비와 양선과 충성과 [23]온유와 절제니 이 같은 것을 금지할 법이 없느니라"

이렇게 성령의 열매를 맺은 자들은 하나님도 금지할 법이 없어서 무조건 곳간(천국)에 들어갑니다.

> 마 3:12 "손에 키를 들고 자기의 타작마당을 정하게 하사 알곡은 모아 곳간에 들이고 쭉정이는 꺼지지 않는 불에 태우시리라"

하나님께서는 흙으로 사람을 만드셨으며, 이는 그 사람의 열매를 보기 위해서입니다.

> 마 7:20 "이러므로 그들의 열매로 그들을 알리라"

구약성경은 신약성경의 그림자이며, 신약성경은 실체로 본을 보여줍니다.

하나님께서는 왜 성경을 '구약 39권+신약 27권=66권'으로 만드셨을까요?

구약 '39권'의 '3'은 확실한 것으로 성부, 성자, 성령을 의미합니다.

> 전 4:12 "한 사람이면 패하겠거니와 두 사람이면 맞설 수 있나니 세 겹 줄은 쉽게 끊어지지 아니하느니라"

'9'는 성령의 열매를 의미합니다. 구원과 연관이 있습니다. 그래서 하나님께서는 흙으로 사람을 만들었으며(창 2:7), 그 열매를 보고 그를 알고, 성령의 열매가 익었으면 천국 곳간에(마 3:12) 넣는다는 것을 그림자로 보여 주는 것입니다(참조: 행 1:1-2).

신약 '27권'에서 '2'는 성경에서 증인을 의미합니다. '7'은 이 땅에서의 완전수로 '성부, 성자, 성령+동, 서, 남, 북'을 뜻합니다.

성경에서 '12'는 하늘에서 일어나는 일, '7'은 땅에서 이루어지는 일을 의미하고 있습니다. 그래서 예수님이 이 땅에 오셔서 행하시며(행1:1) 말씀하신 천국 복음이 27권으로 이루어진 것입니다.

증인이 되기 위해서는 직접 눈으로 보아야 합니다(욥 42:5).

피조물인 우리에게 예수님이 임마누엘 하실 때(6+1=7) 우리가 증인이 될 수 있으며, 그때부터 체험 신앙인이 되어 온 열방에 나아가 말씀을 선포하면서 예수님을 증거할 수 있으며 간증도 할 수 있는 것입니다.

> 창 2:7 "여호와 하나님이 땅의 흙으로 사람을 지으시고 생기를 그 코에 불어넣으시니 사람이 생령이 되니라"

이런 사람을 신령한 사람, 거룩한 사람, 세상과 구별된 사람이라 합니다. 이런 사람들이 예수님의 증인이 될 수 있습니다. 이런 사람들이 하나님과 에덴동산에서 사랑을 나누게 됩니다.

> 계 2:7 "귀 있는 자는 성령이 교회들에게 하시는 말씀을 들을지어다 이기는 그에게는 내가 하나님의 낙원에 있는 생명나무의 열매를 주어 먹게 하리라"

생명나무가 되시는 예수님께서 주신 과실을 먹는 자만이 예수님의 증인이 될 수 있습니다(참조: 레 12:1-5).

성경은 66권으로 되어 있습니다. 성경에서 '6'은 피조물을 상징합니다.

피조물(6)과 피조물(6)이 함께 모이는 곳에는 예수님이 함께하시므로 그곳이 천국이며 그리스도의 몸 된 교회입니다.

마 18:20 "두세 사람이 내 이름으로 모인 곳에는 나도 그들 중에 있느니라"

예수님께서 함께하시는 곳이 천국이며 그리스도의 몸 된 교회입니다.

그래서 성경이 '구약 39권+신약 27권=66권'으로 이루어진 것입니다. 하나님은 모든 것을 하나님의 경륜 가운데 이루시고 예정하셨습니다.

엡 1:9 "그 뜻의 비밀을 우리에게 알리신 것이요 그의 기뻐하심을 따라 그리스도 안에서 때가 찬 경륜을 위하여 예정하신 것이니"

그러면 왜 하나님께서는 1년을 365일로 정하셨을까요?

창 5:23 "그는 삼백육십오 세를 살았더라"(참조: 에녹)

하나님의 시간은 하루가 천 년 같고, 천 년이 하루 같습니다.

벧후 3:8 "사랑하는 자들아 주께는 하루가 천 년 같고 천 년이 하루 같다는 이 한 가지를 잊지 말라"

모든 성경은 하나님의 경륜 가운데 언약의 말씀으로 쓰였으므로 다 짝이 있어(사 34:16) 말씀과 말씀으로 증거할 때 진리의 말씀이 되어 생명으로 나타납니다.

성경에는 예수님에 대해서도 쓰여 있지만, 그리스도 예수 안에 있는 나에 대하여도 쓰여 있습니다.

요 5:39 "너희가 성경에서 영생을 얻는 줄 생각하고 성경을 연구하거니와 이 성경이 곧 내게 대하여 증언하는 것이니라"

그것을 어떻게 알 수 있을까요? 그 증거는 무엇입니까?

엡 1:4-5 "⁴곧 창세전에 그리스도 안에서 우리를 택하사 우리로 사랑 안에서 그 앞에 거룩하고 흠이 없게 하시려고 ⁵그 기쁘신 뜻대로 우리를 예정하사 예수 그리스도로 말미암아 자기의 아들들이 되게 하셨으니"

하나님의 경륜 가운데서 창세전부터 우리가 그리스도 안에 있었으며 예수 그리스도로 말미암아 우리가 하나님의 아들이 되었으므로, 성경에는 예수님에 대해서도 쓰여 있지만 예수 그리스도 안에서 아들이 된 나에 대해서도 쓰여 있는 것입니다.

마 1:17 "그런즉 모든 대 수가 아브라함부터 다윗까지 열네 대요 다윗부터 바벨론으로 사로잡혀 갈 때까지 열네 대요 바벨론으로 사로잡혀 간 후부터 그리스도까지 열네 대더라(그리스도=기름 부음 받은 자, 참조: 마 1:2-16)

그리스도 안에 있는 우리가 들어가야 열네 대가 됩니다. 우리가 그리스도 안에 들어가야 하나님의 언약이 이루어진다는 것입니다.

히 11:39-40 "³⁹이 사람들은 다 믿음으로 말미암아 증거를 받았으나 약속된 것을 받지 못하였으니 ⁴⁰이는 하나님이 우리를 위하여 더 좋은 것을 예비하셨은즉 우리가 아니면 그들로 온전함을 이루지 못하게 하려 하심이라"

히 8:10 "또 주께서 이르시되 그날 후에 내가 이스라엘 집과 맺을 언약은 이것이니 내 법을 그들의 생각에 두고 그들의 마음에 이것을 기록하리라 나는 그들에게 하나님이 되고 그들은 내게 백성이 되리라"

그래서 믿음은 관념이 아니라 실상이 되어야 합니다.

히 11:1 "믿음은 바라는 것들의 실상이요 보이지 않는 것들의 증거니"

예수 그리스도는 어제나 오늘이나 영원토록 동일하십니다(히 13:8). 하나님께서는 오늘도 나를 통해 창조의 역사를 이루어 가고 계십니다.

창 1:26-28 "²⁶하나님이 이르시되 우리의 형상을 따라 우리의 모양대로 우리가 사람을 만들고 그들로 바다의 물고기와 하늘의 새와 가축과 온 땅과 땅에 기는 모든 것을 다스리게 하자 하시고 ²⁷하나님이 자기 형상 곧 하나님의 형상대로 사람을 창조하시되 남자와 여자를 창조하시고 ²⁸하나님이 그들에게 복을 주시며 하나님이 그들에게 이르시되 생육하고 번성하여 땅에 충만하라, 땅을 정복하라, 바다의 물고기와 하늘의 새와 땅에 움직이는 모든 생물을 다스리라 하시니라"(참조: 우리-복수=성부, 성자, 성령, 벧전 2:9-왕 같은 제사장)

오늘도 성부, 성자, 성령 삼위일체 하나님께서는 창조의 역사로 나를 하나님의 형상을 입은 사람으로 예수님을 통하여 만들어 가고 있습니다(삼위일체=세 인격에 하나의 본질). 그래서 육체라고 해서 다 같은 육체가 아닙니다.

고전 15:39-40 "^{39}육체는 다 같은 육체가 아니니 하나는 사람의 육체요 하나는 짐승의 육체요 하나는 새의 육체요 하나는 물고기의 육체라 ^{40} 하늘에 속한 형체도 있고 땅에 속한 형체도 있으나 하늘에 속한 것의 영광이 따로 있고 땅에 속한 것의 영광이 따로 있으니"(참조: 짐승-시 49:20)

실상의 믿음을 통하여 왕 같은 제사장으로서 하늘에 속한 자의 형상을 입고, 에녹과 같이 이 땅에서 예수님과 동행하는 삶을 누리며 살아가는 여러분이 되시길 주님의 이름으로 축원합니다.

고전 15:49 "우리가 흙에 속한 자의 형상을 입은 것같이 또한 하늘에 속한 이의 형상을 입으리라"

하나님께 헌신하자

출 32:25-29 "모세가 본즉 백성이 방자하니 이는 아론이 그들을 방자하게 하여 원수에게 조롱거리가 되게 하였음이라 이에 모세가 진 문에 서서 이르되 누구든지 여호와의 편에 있는 자는 내게로 나아오라 하매 레위 자손이 다 모여 그에게로 가는지라 모세가 그들에게 이르되 이스라엘의 하나님 여호와께서 이렇게 말씀하시기를 너희는 각각 허리에 칼을 차고 진 이 문에서 저 문까지 왕래하며 각 사람이 그 형제를, 각 사람이 자기의 친구를, 각 사람이 자기의 이웃을 죽이라 하셨느니라 레위 자손이 모세의 말대로 행하매 이날에 백성 중에 삼천 명가량이 죽임을 당하니라 모세가 이르되 각 사람이 자기의 아들과 자기의 형제를 쳤으니 오늘 여호와께 헌신하게 되었느니라 그가 오늘 너희에게 복을 내리시리라"(참조: 방자=제멋대로, 헌신=몸을 드리는 것, 희생, 충성)

우리는 통용 문자 '로고스' 안에 영이요 생명의 말씀, 천국 복음이 성령을 통하여 '레마'의 말씀으로 살아서 활력 있게(히 4:12) 역사하고 있다는 것을 실상의 믿음(히 11:1)을 갖고 체험하고 깨달아야 합니다. 그래야 예언의 영을 통하여(계 19:10) 말씀을 선포할 때 죽었던 영혼에 생기가 들어가서(겔 37:9-10) 부활 생명으로 거듭납니다.

요 6:63 "살리는 것은 영이니 육은 무익하니라 내가 너희에게 이른 말은 영이요 생명이라"

하나님께 헌신하려면 어떻게 해야 합니까?

1. 지도자를 잘 만나야 합니다.

고전 4:15 "그리스도 안에서 일만 스승이 있으되 아버지는 많지 아니하니 그리스도 예수 안에서 내가 복음으로써 너희를 낳았음이라"(참조: 계 18:11)

스승은 많은 지식을 갖고 가르치는 사람을 의미합니다.

행 18:24-25 "[24]알렉산드리아에서 난 아볼로라 하는 유대인이 에베소에 이르니 이 사람은 언변이 좋고 성경에 능통한 자라 [25]그가 일찍이 주의 도를 배워 열심으로 예수에 관한 것을 자세히 말하며 가르치나 요한의 세례만 알 따름이라"

아볼로 선생은 성경에 대한 지식이 많은 자여서 예수에 관한 것은 자세히 말하며 가르쳤으나, 세례 요한까지만 알고 있을 뿐 성령은 모르고 있었습니다(참조: 요 16:13 "진리의 성령이 오시면")

오늘날에도 이러한 스승들이 많아서 많은 신도(종교인)들이 바른 교훈을 받지 못하고 사욕을 좇는 스승들을 따르고 있습니다.

딤후 4:3-5 "³때가 이르리니 사람이 바른 교훈을 받지 아니하며 귀가 가려워서 자기의 사욕을 따를 스승을 많이 두고 ⁴또 그 귀를 진리에서 돌이켜 허탄한 이야기를 따르리라 ⁵그러나 너는 모든 일에 신중하여 고난을 받으며 전도자의 일을 하며 네 직무를 다하라"(참조: 출 12:15-무교병, 유교병)

사 29:13 "주께서 이르시되 이 백성이 입으로는 나를 가까이하며 입술로는 나를 공경하나 그들의 마음은 내게서 멀리 떠났나니 그들이 나를 경외함은 사람의 계명으로 가르침을 받았을 뿐이라"

바울의 옛 이름은 사울(사울의 뜻은 '큰 자', 바울의 뜻은 '작은 자')입니다.

행 19:1-7 "¹아볼로가 고린도에 있을 때에 바울이 윗지방으로 다녀 에베소에 와서 어떤 제자들을 만나 ²이르되 너희가 믿을 때에 성령을 받았느냐 이르되 아니라 우리는 성령이 계심도 듣지 못하였노라 ³바울이 이르되 그러면 너희가 무슨 세례를 받았느냐 대답하되 요한의 세례니라 ⁴바울이 이르되 요한이 회개의 세례를 베풀며 백성에게 말하되 내 뒤에 오시는 이를 믿으라 하였으니 이는 곧 예수라 하거늘 ⁵그들이 듣고 주 예수의 이름으로 세례를 받으니 ⁶바울이 그들에게 안수하매 성령이 그들에게 임하시므로 방언도 하고 예언도 하니 ⁷모두 열두 사람쯤 되니라"(참조: 사도 바울의 영적 아들-디모데, 빌립, 빌레몬, 오네시모)

사도 바울 같은 사람이 영적인 자녀를 낳는 아비입니다. 자녀와 아비는 피(생명-레 17:11)가 같아야 합니다.

민 11:12 "이 모든 백성을 내가 배었나이까 내가 그들을 낳았나이까 어찌 주께서 내게 양육하는 아버지가 젖 먹는 아이를 품듯 그들을 품에 품고 주께서 그들의 열조에게 맹세하신 땅으로 가라 하시나이까"

'모세'는 '물에서 건진 자'(출 2:10)라는 뜻이며, 물은 하나님의 생명의 말씀을 의미합니다.

엡 5:26 "이는 곧 물로 씻어 말씀으로 깨끗하게 하사 거룩하게 하시고"

벧전 3:21 "물은 예수 그리스도께서 부활하심으로 말미암아 이제 너희를 구원하는 표니 곧 세례라 이는 육체의 더러운 것을 제하여 버림이 아니요 하나님을 향한 선한 양심의 간구니라"(참조: 할례-신 30:6; 출 4:24-26-생명 있는 남편)

시 29:3 "여호와의 소리가 물 위에 있도다 영광의 하나님이 우렛소리를 내시니 여호와는 많은 물 위에 계시도다"

모세는 영적으로 하나님의 말씀 가운데 건짐을 받았으며, 여호와의 산 호렙산에서 불꽃 가운데서(출 3:1-5) 하나님의 부르심을 받은 자입니다(모세는 애굽에서 40년을 보내고, 제사장 이드로 장인 집에서 40년 동안 양을 치고 자녀를 낳았으며, 40년간 이스라엘 백성을 광야에서 인도하였음, 참조: 신 33:1; 수 14:6-하나님의 사람; 딤전 6:11; 대하 8:14-다윗; 왕상 17:18-엘리야).

아론은 모세의 육신의 형입니다.

출 4:14-16 "¹⁴여호와께서 모세를 향하여 노하여 이르시되 레위 사람 네 형 아론이 있지 아니하냐 그가 말 잘하는 것을 내가 아노라 그가 너를 만나러 나오나니 그가 너를 볼 때에 그의 마음에 기쁨이 있을 것이라 ¹⁵너는 그에게 말하고 그의 입에 할 말을 주라 내가 네 입과 그의 입에 함께 있어서 너희들이 행할 일을 가르치리라 ¹⁶그가 너를 대신하여 백성에게 말할 것이니 그는 네 입을 대신할 것이요 너는 그에게 하나님같이 되리라"

2. 나 자신이 하나님 편에 서야 합니다.

내가 하나님의 편에 서기 위해서는 나의 의가 하나님의 의와 하나가 되어야 합니다.

암 3:3 "두 사람이 뜻이 같지 않은데 어찌 동행하겠으며"

그러기 위해서는 나 자신이 레위 족속이 되어야 합니다(참조: 에녹-창 5:21-24). 레위의 뜻은 '연합'입니다.

창 29:34 "그가 또 임신하여 아들을 낳고 이르되 내가 그에게 세 아들을 낳았으니 내 남편이 지금부터 나와 연합하리로다 하고 그의 이름을 레위라 하였으며"(참조: 레아의 아들-1. 르우벤 2. 시므온 3. 레위)

그러면 내가 하나님과 연합하기 위해서는 어떻게 해야 합니까?

롬 6:5-6 "⁵만일 우리가 그의 죽으심과 같은 모양으로 연합한 자가 되었으면 또한 그의 부활과 같은 모양으로 연합한 자도 되리라 ⁶우리가 알거니와 우리의 옛사람이 예수와 함께 십자가에 못 박힌 것은 죄의 몸이 죽어 다시는 우리가 죄에게 종 노릇 하지 아니하려 함이니"(참조: 갈 2:20; 골 3:5-6-땅의 지체를 죽여야 함)

고전 6:17 "주와 합하는 자는 한 영이니라"(참조: 암 3:3)

이러한 자들이 하나님의 인도함을 받는 하나님의 아들들입니다.

롬 8:14 "무릇 하나님의 영으로 인도함을 받는 사람은 곧 하나님의 아들이라"

하나님의 영으로 인도함을 받는 자들이 하나님과 연합한 자들이며, 하나님의 편에 설 수 있는 자들입니다.

3. 각각 허리에 칼을 차야 합니다.

성경에서 허리는 영적으로 자녀를 생산하는 곳입니다. 그래서 예수님께서는 십자가에서 다 이루시고(요 19:30) 옆구리(허리)에서 피와 물을 흘려 주셨습니다(요 19:34).

창 35:11 "하나님이 그에게 이르시되 나는 전능한 하나님이라 생육하며 번성하라 한 백성과 백성들의 총회가 네게서 나오고 왕들이 네 허리에서 나오리라"

그래서 허리에 각각 칼(검)을 차라고 하신 것입니다.
그러면 성경에서 검(칼)은 무엇을 의미합니까?

엡 6:17 "구원의 투구와 성령의 검 곧 하나님의 말씀을 가지라"

성령의 검은 하나님의 말씀을 의미합니다. 그래서 하나님께서는 이렇게 말씀하십니다.

엡 6:14 "그런즉 서서 진리로 너희 허리띠를 띠고 의의 호심경을 붙이고"

진리는 성경에 기록된 말씀이요(요 17:17), 하나님 자신입니다(요 16:13).

진리의 말씀(검)을 허리에 차야 영적으로 자녀를 생산할 수 있을 뿐 아니라 원수도 물리칠 수 있습니다. 하나님의 생명의 말씀이 살아서 활력 있게 역사하기 때문입니다.

히 4:12-13 "¹²하나님의 말씀은 살아 있고 활력이 있어 좌우에 날 선 어떤 검보다도 예리하여 혼과 영과 및 관절과 골수를 찔러 쪼개기까지 하며 또 마음의 생각과 뜻을 판단하나니 ¹³지으신 것이 하나도 그 앞에 나타나지 않음이 없고 우리의 결산을 받으실 이의 눈앞에 만물이 벌거벗은 것같이 드러나느니라"

그래서 말씀의 검은 사람을 죽일 수도 있습니다. 출애굽기 본문에서 각각 그 형제와 친구와 이웃을 죽여야 하나님께 헌신한 것이라고 말씀합니다.

어떠한 자들을 죽여야 합니까?

방자한 자, 곧 자기 멋대로 자기의 의를 행하는 자를 치라고 하십니다. 우상 숭배 하는 자도 죽여야 합니다.

골 3:5-6 "⁵그러므로 땅에 있는 지체를 죽이라 곧 음란과 부정과 사욕과 악한 정욕과 탐심이니 탐심은 우상 숭배니라 ⁶이것들로 말미암아 하나님의 진노가 임하느니라"

엡 2:1-3 "¹그는 허물과 죄로 죽었던 너희를 살리셨도다 ²그때에 너희가 그 가운데서 행하여 이 세상 풍조를 따르고 공중의 권세 잡은 자를 따랐으니 곧 지금 불순종의 아들들 가운데서 역사하는 영이라 ³전에는 우리도 다 그 가운데서 우리 육체의 욕심을 따라 지내며 육체와 마음의 원하는 것을 하여 다른 이들과 같이 본질상 진노의 자녀이었더니"

하나님께서는 우리가 레위인들처럼 하나님의 편에 서서 각각 검(영이요 생명의 말씀)을 허리에 차고 하나님의 진노가 임한 자들을 치기를 원하십니다(참조: 창 15:9-10-3년 된 암소, 암염소, 숫양).

4. 이러한 자들을 죽이기 위해서는 내 입에서 검이 나와야 합니다.

계 1:16 "그의 오른손에 일곱 별이 있고 그의 입에서 좌우에 날 선 검이 나오고 그 얼굴은 해가 힘있게 비치는 것 같더라"

오른손은 능력(출 15:6), 일곱별은 완전한 교회(계 1:20), 교회의 사자,

날 선 검은 생명의 말씀(히 4:12), 해는 하나님(시 84:11)을 의미합니다.

내 입에서 검이 나와야 마귀도 물리칠 수 있고, 죽은 영혼들을 살려서 하나님의 군대로 만들 수도 있습니다.

예수의 증거는 예언의 영을 통하여 능력으로 역사하십니다(참조: 삼상 2:6).

하나님께서는 왜 각 사람이 형제, 친구, 이웃을 죽이라고 말씀하셨을까요?(하늘의 비밀) 우리가 십자가를 지고 예수님을 따라가는 것은 죽으러 가는 것입니다. 그래서 예수님께서도 '나를 따르려거든 십자가를 지고 따르라'고 말씀하셨습니다(참조: 마 10:38-39; 행 2:24 "하나님께서 그를 사망의 고통에서 풀어 살리셨으니 이는 그가 사망에 매여 있을 수 없었음이라").

내가 죽어 흙으로 돌아갈 때 하나님께서는 다시금 창조의 역사(창 2:7-8)를 이루어 가십니다.

겔 37:9-10 "⁹또 내게 이르시되 인자야 너는 생기를 향하여 대언하라 생기에게 대언하여 이르기를 주 여호와께서 이같이 말씀하시기를 생기야 사방에서부터 와서 이 죽음을 당한 자에게 불어서 살아나게 하라 하셨다 하라 ¹⁰이에 내가 그 명령대로 대언하였더니 생기가 그들에게 들어가매 그들이 곧 살아나서 일어나 서는데 극히 큰 군대더라"

베드로가 말씀을 전하자 어떤 일이 일어났습니까?

행 2:41 "그 말을 받은 사람들은 세례를 받으매 이날에 신도의 수가 삼천이나 더하더라"

하나님께서는 허물로 죽은 우리를 긍휼히 여기십니다(시 116:15).

엡 2:4-5 "⁴긍휼이 풍성하신 하나님이 우리를 사랑하신 그 큰 사랑을 인하여 ⁵허물로 죽은 우리를 그리스도와 함께 살리셨고 (너희는 은혜로 구원을 받은 것이라)"(참조: 엡 2:8; 마 22:32-하나님은 산 자의 하나님)

이렇게 하나님 편에 서서 그 형제, 친구, 이웃을 친 자들에게 하나님께서는 '여호와께서 헌신하였다'라고 하십니다.

교회는 십자가 밑에 죽으러 왔다가 부활 생명으로 나가는 곳입니다(참조: 마 28:2 "큰 지진이 나며…").

그래서 하나님께서 창세기 15장 6-10절에서 3년 된 암소와 암염소와 숫양을 잡아서 중간을 쪼개라고 말씀하신 것입니다(참조: 창 15:17-18; 히 12:29-소멸하는 불).

하나님의 전에서 하나님 편에 서서 일하며 헌신하실 분들은 허리에 성령의 검, 하나님의 생명의 말씀을 꼭 취하시기를 축원합니다.

눅 22:36 "이르시되 이제는 전대 있는 자는 가질 것이요 배낭도 그리하고 검 없는 자는 겉옷을 팔아 살지어다"

눅 22:38 "그들이 여짜오되 주여 보소서 여기 검 둘이 있나이다 대답하시되 족하다 하시니라"

'검 둘'은 구약과 신약, 율법과 복음을 뜻합니다.

예수님을 증거하며 복음을 전하는 사람은 꼭 검 둘을 허리에 차고 있어야 어떤 환경과 형편에서도 하나님의 편에 서서 헌신할 수 있습니다.

이러한 자들이 오늘날 하나님으로부터 오는 복을 받을 것입니다.

이른 비와 늦은 비

약 5:7 "그러므로 형제들아 주께서 강림하시기까지 길이 참으라 보라 농부가 땅에서 나는 귀한 열매를 바라고 길이 참아 이른 비와 늦은 비를 기다리나니"

오늘날 왜 교회에서 성령의 열매가 나타나는 성도를 만나 보기가 하늘의 별 따기만큼이나 어렵고 힘든 것일까요?

마 3:11 "나는 너희로 회개하게 하기 위하여 물로 세례를 베풀거니와 내 뒤에 오시는 이는 나보다 능력이 많으시니 나는 그의 신을 들기도 감당하지 못하겠노라 그는 성령과 불로 너희에게 세례를 베푸실 것이요"

예수님을 영접하고 하나님을 믿는다고 하는 신자(종교인)들이 성령 세례를 받지 않고 무조건적인 믿음으로 예배당에 나와서 입으로만 '주여, 주여'(마 7:21) 부르면서 외식하고(마 23:27) 있기 때문입니다. 성경에서는 성령의 놀라운 역사에 대하여 말하고 있으며, 진리의 성령이 오시면 우리를 모든 진리 가운데로 인도하시고 장래 일도 우리에게 알릴 것이라고 말합니다.

요 16:13 "그러나 진리의 성령이 오시면 그가 너희를 모든 진리 가운데로 인도하시리니 그가 스스로 말하지 않고 오직 들은 것을 말하며 장래 일을 너희에게 알리시리라"

성경에서는 비유의 말씀으로 특별히 성령을 '비'로 표현하고 있습니다.

1. 성경은 이른 비와 늦은 비에 대해 무엇이라고 말합니까?

선지자들이 이른 비와 늦은 비에 대하여 언급하였는데, 그들은 성령이 임하시어 인간들을 위하여 특별한 일을 성취할 시기를 내다보았을 뿐 아니라, 그때를 간절히 기다리며 바라고 살았습니다. 그 사실이 구약과 신약에 잘 표현되어 있습니다.

성경에서는 '비'와 '물'과 '불'을 하늘로부터 '부어 주신다'라는 비유로 성령을 표현하고 있습니다. 이른 비와 늦은 비는 하나님을 믿는 백성들에게 매우 중요하며, 이른 비와 늦은 비로 비유된 성령의 역사는 우리의 구원과 매우 깊은 관계가 있습니다.

1) 구약에 언급된 이른 비와 늦은 비

욜 2:23 "시온의 자녀들아 너희는 너희 하나님 여호와로 말미암아 기뻐하며 즐거워할지어다 그가 너희를 위하여 비를 내리시되 이른 비를 너희에게 적당하게 주시리니 이른 비와 늦은 비가 예전과 같을 것이라"

사 44:3 "나는 목마른 자에게 물을 주며 마른 땅에 시내가 흐르게 하며 나의 영을 네 자손에게, 나의 복을 네 후손에게 부어 주리니"

호 6:3 "그러므로 우리가 여호와를 알자 힘써 여호와를 알자 그의 나타나심은 새벽빛같이 어김없나니 비와 같이, 땅을 적시는 늦은 비와 같이 우리에게 임하시리라 하니라"

슥 10:1 "봄비[늦은 비]가 올 때에 여호와 곧 구름을 일게 하시는 여호와께 비를 구하라 무리에게 소낙비를 내려서 밭의 채소를 각 사람에게 주시리라"

욜 2:28-29 "²⁸그 후에 내가 내 영을 만민에게 부어 주리니 너희 자녀들이 장래 일을 말할 것이며 너희 늙은이는 꿈을 꾸며 너희 젊은이는 이상을 볼 것이며 ²⁹그때에 내가 또 내 영을 남종과 여종에게 부어 줄 것이며"

하나님께서는 구약 시대에도 택한 선지자나 제사장, 왕에게 성령의 기름을 부어 주셨습니다.

2) 신약에 언급된 이른 비와 늦은 비

행 2:1-4 "¹오순절 날이 이미 이르매 그들이 다 같이 한곳에 모였더니 ²홀연히 하늘로부터 급하고 강한 바람 같은 소리가 있어 그들이 앉은 온 집에 가득하며 ³마치 불의 혀처럼 갈라지는 것들이 그들에게 보여 각 사람 위에 하나씩 임하여 있더니 ⁴그들이 다 성령의 충만함을 받고 성령이 말하게 하심을 따라 다른 언어들로 말하기를 시작하니라"

행 2:18 "그때에 내가 내 영을 내 남종과 여종들에게 부어 주리니 그들이 예언할 것이요"

약 5:7 "그러므로 형제들아 주께서 강림하시기까지 길이 참으라 보라 농부가 땅에서 나는 귀한 열매를 바라고 길이 참아 이른 비와 늦은 비를 기다리나니"

하나님께서는 하나님의 때에 성령을 부어 주셨습니다.

2. 성령이 이른 비와 늦은 비로 표현된 이유는 무엇입니까?

이른 비와 늦은 비는 농사와 연관된 단어로, 성령의 역사를 쉽게 이해하게 하려고 비유로 사용된 것입니다. 유대에는 1년에 두 차례의 우기가 있었는데, 이른 비는 씨를 뿌리는 가을철에(유대 땅은 우리나라의 농사 시기와 반대임) 내리고, 늦은 비는 수확의 시기인 봄철에 내렸습니다.

하나님께서는 이른 비와 늦은 비를 우리의 영적인 성장과 열매 맺는 과정에 비추어 상징적인 언어로 사용하셨습니다. 유대는 가을에 씨를 뿌리고 봄에 추수했으므로, 이른 비를 통하여 씨를 뿌리고 나서 싹이 나고 성장하여 열매 맺는 자라남이 없이는 늦은 비가 내려도 아무런 소용이 없음을 알리고 있는 것입니다. 이른 비를 통하여 씨를 뿌리고 싹이 나서 자라고 성장하여 열매가 열리지 않으면 늦은 비는 그 목적을 달성할 수 없습니다. 하나님께서는 이러한 자연적인 역사를 통하여 성령의 역사를 상징적으로 비유하신 것입니다.

이른 비의 목적은 무엇입니까? 이른 비는 메마른 땅을 촉촉하게 적셔서 씨를 뿌릴 수 있도록 준비시켜, 뿌려진 씨가 싹이 트고 땅에서 솟아나와 자라고 성장하여(눅 2:40) 열매를 낼 수 있도록 해줍니다. 하지만 온전히 익어서 곳간에 들어가게 해주지는 못합니다(골 1:6). 그래서 하나님께서는 구원을 이루라고 말씀하신 것입니다.

> 빌 2:12 "그러므로 나의 사랑하는 자들아 너희가 나 있을 때뿐 아니라 더욱 지금 나 없을 때에도 항상 복종하여 두렵고 떨림으로 너희 구원을 이루라"

늦은 비의 목적은 무엇입니까? 늦은 비는 열매 맺은 곡식이 온전히 자라게 해줍니다. 즉, 늦은 비가 없이는 곡식이 온전히 익을 수 없고, 따라서 수확도 있을 수 없으므로 곳간에 넣을 수도 없습니다.

3. 이른 비와 늦은 비는 영적으로 어떻게 적용할 수 있습니까?

이른 비와 늦은 비로 비유된 성령의 역사는 교회에 나타난 역사와 개인적인 영적 체험의 두 가지에 모두 적용됩니다. 이른 비와 늦은 비의 역사는 예수님을 영접하고 하나님을 믿는 모든 그리스도인에게 매우 중요합니다.

그리스도인의 영적인 체험과 경험은 성령의 사역, 이른 비와 늦은 비의 두 가지 성령의 사역을 이해하느냐, 못 하느냐에 따라 실상의 믿음(히 11:1)과 관념적인 믿음으로 나뉩니다.

이른 비와 늦은 비를 개인적인 영적 체험과 경험의 측면에서 조명해 봅시다.

1) 첫 번째 실체

이른 비가 내리기 전 땅은 굳고 말라 있습니다. 이러한 땅에는 씨를 뿌릴 수가 없으며, 씨를 뿌린다 해도 싹을 낼 수 없을 뿐 아니라, 뿌리도 내릴 수 없습니다.

영적으로 아직 성령의 역사에 의해 거듭나지 못한 상태를 말합니다.

2) 두 번째 실체

이른 비가 내려서 땅을 부드럽게 하면 물기로 인하여 부드러워진 땅은 기경할 수 있어서 골을 내어 씨를 뿌릴 수 있습니다(벧전 1:23).

영적으로 믿는 성도들의 마음속에서 성령의 역사가 시작되어 주님이 그 안에서 역사하는 시기입니다(히 4:12; 마 12:43).

마음이 조금씩 변화하기(마 28:2) 시작하고, 영적으로 깨어나기 시작합니다(엡 1:18). 회개의 역사가 나타나고, 예수님의 임재를 느낍니다. 하나님을 찾으려는 열망이 생겨나고(벧전 2:2), 세상에 속한 삶에 회의를 느끼고 하늘에 소망을 두게 됩니다.

골 3:1-3 "¹그러므로 너희가 그리스도와 함께 다시 살리심을 받았으면 위의 것을 찾으라 거기는 그리스도께서 하나님 우편에 앉아 계시느니라 ²위의 것을 생각하고 땅의 것을 생각하지 말라 ³이는 너희가 죽었고 너희 생명이 그리스도와 함께 하나님 안에 감추어졌음이라"

3) 세 번째 실체

씨에서 싹이 나고 자라가기 시작합니다.

영적으로 예수 그리스도 안에서 성장하기 시작하고(눅 2:40), 나의 의는 십자가에 못 박고(갈 2:20; 골 3:5) 새로운 피조물로(고후 5:17) 살아가면서 구원을 이루어 가는 것입니다(빌 2:12). 그러면서 성화되어 가는 체험을 하게 됩니다.

4) 네 번째 실체

새로운 식물이 자라납니다.

영적으로 그리스도의 임재 속에서 주님과의 동행(암 3:3)이 지속되며 영적으로 자라가는 과정입니다. 즉, 광야 생활을 하며 하늘 군대에 속해(행 7:42) 훈련받는 시기이기 때문에 때때로 쓰러지고 넘어지며 시험을 치러야 합니다.

이때는 믿음이 그리스도의 장성한 분량에까지 자라나며, 주님의 성품으로 변화받아(히 5:13-14) 온유함과 평안과 자유함을 누립니다. 더 밝은 빛을 깨닫게 되며(요 1:9), 그 빛을 따르는 그리스도인으로서의 모든 성장의 단계마다 완전함을 이룹니다. 또 성령의 열매를 맺게 됩니다(골 1:6).

5) 다섯 번째 실체

늦은 비가 내리면 씨는 완전히 자라고 성숙하여 알곡이 됩니다.

영적으로 성령의 역사로 그리스도의 장성한 분량에까지 자라는 것입니다(엡 4:13).

성도에게는 늦은 비인 성령이 주어지고, 완전히 인침을 받는 시기입니다. 마지막 때 짐승의 표(666)와 일곱 재앙의 환난을 견디고 승리하며 의의 군병이 되어야 하나님의 종들의 이마에 인치기까지(계 7:2-3) 쓰임 받는 것입니다.

이런 자들은 매일 이른 비의 성령을 받는 체험을 하고 죄를 멀리

하며 승리하는 삶 속에서 늦은 비 성령도 받을 것입니다.

6) 여섯 번째 실체

추수 때 곡식을 수확합니다(마 3:12).

영적으로 하나님의 은혜의 시간이 끝나고 구원받는 사람들은 정해져 있습니다. 모든 사람은 알곡과 가라지로 나뉩니다.

하나님의 성품으로 변화 받아 성령의 열매(갈 5:22-23)를 나타낸 사람은 그리스도의 재림 때 승천하여 하늘나라 천국(곳간)에 들어가는 것입니다(엡 2:20-22).

4. 이른 비와 늦은 비를 개인적으로 적용할 수 있습니까?

이른 비와 늦은 비는 각 개인에게 적용할 수 있습니다. 이른 비는 그리스도인이 회심할 당시에 성령이 적절히 부어지는 것을 나타낸 것입니다. 이른 비는 예수님을 영접하고 하나님을 믿는 성도라면 매일 받아야 하고 체험해야 하는 역사로, 사람을 거듭나게 하고, 죄를 깨닫고 회개하게 하며, 죄를 이기게 하고, 예수님의 본을 따라 행하게 하며, 하나님의 형상을 닮아가게 합니다.

우리가 거듭났다는 것은, 아직 영적으로 어린아이기 때문에 그리스도 예수 안에서 이른 비를 맞으며 체험하며 자라가면서(눅 2:40) 죄에 대하여 승리하며 성숙한 단계에 이르러 늦은 비를 맞아야 함을 말합니다.

늦은 비는 이른 비 성령을 받고 자라면서 하나님의 은혜와 능력으로 모든 죄를 이기고 승리하여 의의 군병이 된 자들이 땅끝까지 천국 복음을 전할 수 있도록 하나님께서 부어 주시는 성령을 말합니다.

광야에 외치는 자의 소리

1판 1쇄 인쇄 _ 2025년 11월 15일
1판 1쇄 발행 _ 2025년 11월 25일

지은이 _ 방명근
펴낸이 _ 이형규
펴낸곳 _ 쿰란출판사

주소 _ 서울특별시 종로구 이화장길 6
편집부 _ 745-1007, 745-1301~2, 747-1212, 743-1300
영업부 _ 747-1004, FAX 745-8490
본사평생전화번호 _ 0502-756-1004
홈페이지 _ http://www.qumran.co.kr
E-mail _ qrbooks@daum.net / qrbooks@gmail.com
한글인터넷주소 _ 쿰란, 쿰란출판사
페이스북 _ www.facebook.com/qumranpeople
인스타그램 _ www.instagram.com/qrbooks
등록 _ 제1-670호(1988.2.27)
책임교열 _ 이화정·이주련

ⓒ 방명근 2025 ISBN 979-11-24013-15-1 93230

책값은 뒤표지에 있습니다.
이 출판물은 저작권법에 의해 보호를 받는 저작물이므로 무단 복제할 수 없습니다.
파본(破本)은 구입처에서 교환해 드립니다.